Change

樹立一個
新政治的標竿

Change 13
我們一起向前一步
——讓改變真的發生

作者／苗博雅

第四編輯室／總編輯 李清瑞
責任編輯／陳孝溥　封面設計／竹間繭
內頁排版／竹間繭　攝影／單點影像 鄭鼎
封面插畫／ Croter Illustration & Design Studio

出版者——英屬蓋曼群島商網路與書股份有限公司臺灣分公司

發　行——大塊文化出版股份有限公司
105022 台北市松山區南京東路四段 25 號 11 樓
www.locuspublishing.com
locus@locuspublishing.com
讀者服務專線：0800-006-689
電話：02-87123898　傳真：02-87123897
郵政劃撥帳號：18955675
戶名：大塊文化出版股份有限公司
法律顧問：董安丹律師、顧慕堯律師

總經銷——大和書報圖書股份有限公司
地址：新北市新莊區五工五路 2 號
電 話：02-89902588　傳真：02-22901658

初版一刷：2023 年 11 月　定價：新台幣 380 元
ISBN：978-626-7063-50-7

我們一起向前一步

讓改變真的發生

苗博雅

目錄

出版者序　阿苗是怎樣煉成的？

郝明義

1.

苗博雅有好幾樣令我好奇的事。

首先是他說話的力量。

二〇一六年大選前夕，時代力量和綠社盟推出許多第三勢力的年輕立委候選人。當時我做了個「年輕的力量進國會」報導，訪談過兩邊共二十八位候選人。苗博雅是其中之一。

訪問之前，我先去看苗博雅臉書，發現有前立法委員林濁水去鼓勵他的照片。那陣子，我不記得林濁水有出席過其他「第三勢力」候選人的場子。

後來我問林濁水為什麼。他點點頭，很簡單地說了兩句：「頭腦邏輯清晰，口才也真好！」

事實上，訪問苗博雅之後，我也有同樣的感覺。我寫他那篇的文章的標題是〈冰下有火〉。

說話有條理，不是容易的事。

有條理之外，讓聽的人可以感受到他每句話都在聯接、對照自己大腦裡的活動，就更難。

再進一步，能在言語裡把贅字降到最低，又不時呈現出讓人難忘的金句，當然是更高一階的整合。

可以如此冷靜地整合自己的思緒和言語，所以我說看到了苗博雅的「冰」。

但是當時一個二十七歲的年輕人，對生活還有著感性觸覺的時候，卻在沒有任何家世條件的背景下就決定跨上政治這條路，並且選擇新成立的一個小黨來叩國會的大門，那又需要極大的熱情，所以我說也看到了他的「火」。

「臺灣已經沒有時間等我們變老」，就是他當時一句冰下有火的話。

而當時我就好奇：這麼年輕的人，到底怎麼就練就這種言語能力？

2.

那次選舉苗博雅沒有當選。選後我又訪問了他一次。

選前，他的理性和邏輯沒有使他的言語很高亢；落選後，也沒有很低落。

他分析了一些現象，也談了第三勢力有待改進之處。

我問他那社民黨本身有什麼要注意的。

苗博雅回答了三點。

第一，他說「『社會民主』的招牌是很大的。所以要扛好，扛亮。」他們要能夠突破臺灣人對政治的想像，不能因為這次沒當選，就說不算。

第二，他以民進黨從贏得當時的三十年前臺大學生假投票，到真正執政的時間過程為期勉，說這是一個要進行二十年的政治改造工程。

也因此，最後他說，「我們就是要持續保持自己的進化。」

所以，我的第二個好奇是：苗博雅在敗選後的這些話，能實際堅持多久，實踐多少？

3.

之後的八年間，從他去國會當助理，到二〇一八年六都選舉再選臺北市議員，到他連任市議員成功之後，我和苗博雅見過五次面。

雖然見面次數不多，但是我持續在注意他做的事情。他言語、思緒的清晰始終如一，並且讓我越來越相信他演講的力量是要到十萬人以上的場子才能真正發揮。

他一路在做的事，也讓我看到「持續保持自己的進化」貫穿其中。

只是這些究竟是怎麼發生的？

這又是一個好奇。

4.

邀請苗博雅寫這一本《我們一起向前一步：讓改變真的發生》，就是想請他回答這些好奇，也讓其他想多認識他的人知道。

這本書的重點，不只讓人看到一個再度參選立委的年輕人的立場和主張。

我們看到一個正好在一九八七解嚴那一年出生的年輕人，怎麼和許多同齡小孩一樣走過鑰匙兒的童年，卻能透過閱讀改變人生的走向。

他怎麼在父親是廣東人、母親是雲林西螺人的家庭裡長大，從不會講臺語到體會本土意識、形成臺灣認同，還從與父親的辯論中磨練出一定的技巧。

他怎麼從北一女這種明星學校的尖端學生，不可一世地考進臺大法律系，但又反省到自己的渺小，進而在茫然中放棄同學畢業後都會走的路，不考律師、不考司法官，也不考法律研究所，反而進了一家律師事務所工作。

他怎麼從一個想當公民記者的好奇，卻因為就是沒法坐視被冤枉的人被執行槍斃，而成為廢死聯盟的志工，進而成為不怕別人誤會是「為什麼要幫壞人講話」的全職社運工作者。

他怎麼在二〇一五年接到邀請從政，而他想要打破統獨爭議對臺灣民主形成的輪迴酷刑，所以參加了第一次立委選舉。

他怎麼在敗選之後沉澱自我，繼續保持進化，進而在二〇一八年重新出發競選臺北市議員，成為社民黨至今唯一的一席民意代表，並又在四年後成功連任。

以及，這次他看到什麼樣的歷史機遇，和民進黨聯盟再選立委，以及他為什麼立足於自己在市議會的經驗，相信即使以自己一席社民黨立委之力進入國會，也可以推動改變，讓改變真的發生。

苗博雅也同時展露了他一個基本的掙扎：一個深信理性力量的人，如何逐步學習接受、也發揮感性的力量。

所以他書裡談了自己為什麼相信「君子之交淡如水」，談了自己的「孤獨十一講」，也談了自己的愛情生活和對婚姻的期望。

5.

臺灣社會鼓勵年輕人進入很多行業白手起家，但就是不鼓勵年輕人進入政治領域。

而偏偏今天在如此急劇的時代變動之中，政治上需要有年輕新血，尤其不是政二代、不是有家世背景支持的年輕新血加入。

對於小黨，對於沒有背景的年輕人，臺灣過去主政的政黨設了太多太高的門檻；社會上也有太多習以為常的偏見。譬如：「投給小黨都沒有用」、「投給小黨都是廢票」。

在這種情況下，好不容易鼓勇從政、搜羅一切資源從政的年輕人，如果選輸，也就很容易再也沒有重來的本錢和信心，就此消失不見。而這又加深很多人相信投給小黨就是沒用的誤解。

而我們也看到：好不容易有小黨因緣際會得以進入國會，又可能因為和民進黨到底該維持什麼距離的關係，如何走出自己的路，從內部就有爭論而導致自己力量的減弱。

所以我問苗博雅，他如果進入國會，要如何維持和民進黨的關係。

苗博雅說他已經從一個「理想主義者」轉換成「務實的理想主義者」。所以他進入國會，會立足於他在市議會的經驗，在不同議題上尋找最可能共同推進改革的合作對象。

他也說，很多時候，大家並不是理念不合，而是人和人之間的信任不夠而沒法合作。而他一直在堅持的，都是讓合作對象信任他，知道他絕不會在背後捅刀。

讀到書末最後一章書稿時，我看到苗博雅說他期待過了二十年之後臺灣會出現一批新一代的政治領袖，不是一個人而是新一代的政治領袖們。而他也期許自己前進國會，累積更多歷練，從而讓自己屆時有機會成為其中之一。

6.

苗博雅，我也跟著大家常叫他「阿苗」。

但雖然叫了很久，直到看完這本書的時候，才特別覺出「阿苗」的意味。這不只是一本寫苗博雅自己如何成長的書，也是了解臺灣在解嚴後出生的世代心路歷程的書。

阿苗讓我們看到生命看似必然的發展，其中有多少偶然；偶然中一個人可以如何思考而在未知中走出一條奇異之路。

阿苗花了很多篇幅敘述他所感知到明星學校的高材生對社會應該懷有的感激。而我也看到從另一個方向的證明。

阿苗說他的同志身分，是因為進入北一女那個開放、自由的高中，才得以自在地發展，讓他相信自己雖然是個和其他人不一樣的人，但不是個不正常的人。

社會是更大的學校。如果一個社會能以更開放的心態對待更多的年輕人，那麼這些年輕人的成長又會產生多大不同的回報？

最後，阿苗也讓我看到，一個人「理性」、「邏輯」的口才，不只需要「冰」與「火」的組合，不只需要練習，還需要把自己的言語、思考、行為做總體整合。這樣，金句不必經過打造，而會自然發生。

我希望所有還在社會中修煉的年輕人，能從這本書裡找到參考。

我也希望所有關心臺灣下一代長成的讀者，能從這本書裡這個年輕人如何在社會環境中自我修煉的過程，看出我們可以如何給其他人形成更好的修煉環境。

祝阿苗能有更好的成長。

也期待我們社會能出現更多更好的阿苗。

一　我是這樣會講話的

一個不會走路先會講話的小孩

「阿苗是先會講話，才會走路。」

我媽是這樣講的。

聽她說，我也不是先講一、兩個字，講第一句話就是個長句子。雖然也不知道在講什麼，總是好幾個字組起來的。

應該是臺語。

我媽是雲林西螺人，當初是鬧了家庭革命才嫁給我爸這個外省第二代。她生了我之後，在臺北月子才坐了一半就把我帶回西螺外婆家，七個月之後才又帶我回臺北。所以我最早會說的話，很可能就是聽我阿公、阿嬤講臺語，聽他們唱童謠學來的。

我媽還說我小時候不會爬。別人是用膝蓋跟手在地上爬，我是坐在地上用手撐著自己往前移動。聽她這麼說，我就發現原來我肢體不協調，運動不太好是從小開始的。

照這個描述，我還不會走就先會講話還蠻合理的。

至於有些人說我講話聲音很洪亮，雖然我不覺得，這應該是從我爸那裡遺傳來的。他是廣東人，廣東人嗓門比較大是有名的。

我爸在臺灣出生，岡山眷村長大，後來跟爺爺奶奶搬來臺北。所以從我記得事情開始，我們家就住得離爺爺奶奶，還有其他姑姑、叔伯家很近。

和爺爺奶奶學的廣東話

我上道生幼稚園。我媽說我大概兩歲多就提早去念了。

讀幼稚園的時候，我媽要上班，常把我放到爺爺奶奶家。爺爺是個話比較少的人，奶奶是個比較嚴肅的人。他們在家裡都講廣東話。小時候聽不懂他們在講什麼，印象裡好像奶奶會一直罵爺爺。

在爺爺奶奶家的生活非常規律。就是先看電視、吃午餐;吃完午餐之後就要午睡，午睡起來就要準備吃晚餐。

上了小學之後，放學媽媽還沒下班的話，我還是會去奶奶家。先寫功課，然後要在晚餐煮好之前寫完，因為寫功課的桌子就是飯桌，所以寫好剛好可以吃飯。

因為常去爺爺奶奶家，我媽還說要跟我學粵語。

她當時在一家港商工作，接觸很多講粵語的人，所以要我去偷學些粵語，然後回家來教她。教會一句拿到一塊錢。可是不知怎麼就沒賺到那個錢。

不過，我自己現在可以聽得懂六七成廣東話，已經比一般人多很多了。

因為外公外婆學的臺語

我媽的母語是臺語，可是她一直不跟我說，可能認為小孩子講臺語會留下口音。所以我是在說華語的環境裡長大的。雖然我會講的第一句話可能是臺語，但是我真正會講，是後來看電視學的，為了跟外公外婆說話。

長大些，回西螺的記憶都是初二跟我媽回娘家，我爸開車，然後我們就坐在車上坐很久。白天出發，到的時候已經變晚上，然後就吃飯。

外婆家有院子，是一個三合院。睡木板床，小時候覺得很硬。西螺老家的對面是一間雞舍，聽得到雞叫聲。我會去撿石頭，玩石頭。

我媽說我小時候會穿我外公的皮鞋在屋子前面跑來跑去，我是不記得，但確實有照片為證。

直到現在，我外婆每年都還會重複跟我說一個故事。當時我外婆的公公已經有一點失智。有一天我外婆正在忙的時候，聽到外面鄰居跑進來說，她的公公跑出去了。

外婆想趕快走出去找人，可是不放心我還小，自己躺在床上，就趕快找了一條布把我捆在背上出去找。最後外婆在外面找到了她公公。她每講一遍這個故事，就會說一遍「博雅那時候很乖，都沒有哭沒有鬧」。

在我長大的過程裡，因為慢慢發現外公外婆他們講華語不是那麼流利，除非我學會臺語，否則沒法和他們溝通，所以我才開始看電視學臺語。

今天我講臺語，人家聽不出我是什麼腔，是哪裡人，因為都是看電視學的。

在言語之外學到的

外公外婆也是幫我慢慢形成我的臺灣認同、國家認同很重要的一個聯結。因為我從小在臺北生長，身邊全部都是我爸的家人，所以到後來才知道有本省人、外省人。再長大一些，又知道以前我爸要跟我媽結婚的時候去提親，我外公那天還故意出門，他不希望女兒跟外省人結婚。

因為我成長環境就有許多生長背景不一樣的人，我們家本來就有本省、外省間的一些隔閡，所以我覺得自己相對比較理解不同生長背景的人的想法和心態。

我自己有很多深藍的長輩，所以我比起許多人更可以瞭解深藍的選民在想什麼。

相對的，我也可以對臺灣土地產生很強烈的情感。我第一次看到李登輝的競選文宣，是在外公外婆家，第一次看到阿扁的競選文宣也是。

我是臺北人，在景美出生，一直在臺北居住、長大。可是因為我外公外婆，還有西螺的記憶，我體會得到臺北以外的臺灣是什麼樣子。

像最近，我被一個人攻擊一個題目，說臺北市在前瞻基礎建設預算分到那麼少，你是臺北市議員，又要選臺北市立委，為什麼不幫臺北爭取最多的前瞻預算？

但是講真的，我的內心話和公開所講的一樣，我就是認為臺灣需要區域平衡。我們臺北市數十年來統籌分配款都拿最多，是全國冠軍，八年來光是比新北市就多了一千億。新北市人口還比我們多。你說臺北人繳稅多，可是所謂臺北人繳的稅，很多來自總公司登記在臺北，工廠卻在外縣市的企業。這樣所有的稅收都算臺北的，也不對。

我為什麼會想這些事？有一個刺激就是外公外婆帶給我的。

在臺北，老人要看醫生是可以自己搭捷運去臺大醫院的。但是在西螺，我外公外婆要看醫生的話，需要他們的孩子從臺中、臺北回去陪他們搭車，或開車載他們，才有辦法。

過去十幾年來要他們來臺北住，可是他們非常抗拒。因為他們所有的朋友、親戚全都在西螺。到今年，他們終於來臺北住了，因為要看病。但是你可以想像，一個人在西螺住了一輩子、住了八十幾年，然後在人生最後一段旅途要去一個他們根本人生地不熟的地方，這是多殘酷的事。

那西螺為什麼會這樣？

因為所有的工作機會都不在那邊，年輕人必須離開；年輕人離開，沒有消費，所以企業不會進駐；然後基礎設施不管是醫療、交通也就跟著都這麼差。

所以我不能接受什麼「鄉下要有鄉下的樣子」這種說法，不能接受「不論如何臺北都要拿最多錢」這種想法。

我總覺得有能力的人要更加樂意幫助別人。因為我們之所以有能力，不是因為我們天縱英明，而是因為得到大家的幫助。

我們可以把臺灣比喻為一個有二十二個小孩的大家庭，臺北就像大哥。爸媽全力栽培大哥，給他讀最貴的學校，弟弟妹妹打工供大哥去讀大學，還給他出國留學的機會。現在大哥學位拿到了，從國外留學回來，發達了。如果我就是那個大哥，我認為自己有責任照顧家人、栽培弟妹。

我可能有些價值觀、意識形態和一些人不一樣。這一部分是來自讀書，另一部分就來自我的成長背景，包括我的家庭和生活。

演講的開始

小時候，我比較內向，本來就沒有很喜歡講話。但我有一個比較幸運的地方是，我一直都沒有被壓抑過講話這件事情。

我爸媽本來就覺得我話太少、太內向，所以不會覺得我講話太吵。

我小學、中學讀的都是靜心。私立學校就是升學導向，對於功課好的孩子本來就不會干涉太多。印象中只有一次是，小學跟一個朋友在上課的時候聊天，聊得太大聲所以被老師瞪了，但是因為我功課很好，所以他也沒有特別對我怎麼樣。

然後，老師也喜歡指定功課好的人當班長或幹部，所以我就有比較多機會在大家面前講話。老師還常給一些正向的回饋，評語會寫具有領導風範等等。所以在講話這件事情上，我可以說一直是被鼓勵的。

國三的時候，我因為在校內參加即席演講比賽拿到冠軍，老師叫我去參加臺北市的比賽。

即席演講就是當場抽題目出來，然後去旁邊房間準備三十分鐘，接著就上場演講。我去參加臺北市的比賽，拿到南區第一名；然後和北區的第一名受訓，一起去參加省賽、全國賽，但是沒有得名。

回想起來，我們填鴨式教育固然有很多是樣板，不過有一些東西還是可以讓中小學生很快速上手，譬如怎麼建構自己要講的話，要怎麼表達起承轉合。而透過這種即席演講的競賽訓練，我們又可能比一般中學生有更好一點的能力。

等到高中讀北一女的時候，我又有一些機會在更多人面前講話。

高二的時候我是班聯會主席。班聯會每學期都會舉行一次雙向溝通大會。主持這個雙向溝通大會，是雖然稱不上殘酷但非常艱難的挑戰。

全校所有同學都集合在體育館裡面，然後班聯會，我跟所有的幹部，就要提出工作報告。報告這一年來辦了什麼活動，有什麼樣的成果，收支盈虧如何等等。報告完之後要接受所有同學提問。只要有問題的人都可以提。

因為我是二年級，一年級學妹好像還不太敢問我們問題。但是高三學姊的火力就比較強，會直接問：「你們怎麼這樣做？」、「這樣做是什麼意思？」然後我們就要當場回答。你可以想像同時被兩千個人質詢是什麼感覺。

進了臺大讀法律之後，法學教育訓練也對我說話、演講很有幫助。如果說數學是數字符號的邏輯，法學就是語言的邏輯。法學不是關於美的創造，法學是把一些帶有意義的詞語做有意義的排列的一門學問。把這些帶有意義的詞語做有意義的排列之後，你可以用大前提、小前提，經過涵攝的過程得出結論。所以法學其實是一種語言的科學。

我覺得大概是因為這樣一路走來的訓練，所以讓我的表達可以比較有序，而這對我現在的工作來說是需要的。因為我至少要提供正確的資訊給大家，然後再基於這些正確的資訊，跟大家說明我們的想法是什麼。之後，再對於民眾提供的回饋加以理解，然後再設法看看能不能找出一些共識。

有關講話的聲音，我不覺得自己嗓門有多大，好像一直都是這樣子。演講比賽的時候可能有一些發聲訓練，但是我並沒有做得很好，只是把握一些基本原則，就是在講話的時候明確，至少讓人家聽得懂你在講什麼。

辯論的開始

等我長大之後，有人覺得我口才不錯，問我媽是怎麼培養出來的，她都回答：「是跟他爸爸辯論辯出來的。」

我爺爺奶奶有八個小孩。我爸有個大哥，接下來五個姊姊，然後才是他。雖然排行第七，但他是第二個男生。因為他個性很嚴肅，所以我們親戚家的小孩如果看到這位二叔或二伯，本來在哭鬧的都會馬上安靜下來。

我的父親其實很少跟我相處。在我讀小學的時候，公司就派他去中國管工廠。先是短期出差，一個禮拜、兩個禮拜，後來時間越變越長。之後二、三十年間，他大概是每三個月才會回來一次，停留一個禮拜。

雖然跟他相處少，但是我媽說我的個性從小就跟我爸很像。像有一次段考我考了第一名，很高興，那天他正好在家，就跑去跟他說：「哎！爸，你看我考第一名。」他在看報紙，把報紙收起來，看了我的成績一眼，然後說，「我們要跟自己比，不要跟別人比。」就這麼一句。我就說，「好，我知道了。」摸摸鼻子走了。

我跟爸媽的政治意識形態其實很不一樣。近年來，我和媽媽是慢慢地趨近，可是到現在還是跟我爸非常不一樣。

我爸因為跟我相處時間比較少，所以他在跟我有限的見面時間裡，總會試圖跟我談話，設法當好他心目中認為的爸爸。

他會跟我談一些時事。因為他話不多，又是一個很想把話講清楚，卻不想把話講得太直接的人，所以同一件事他會講很久。在一些政治、經濟的議題上，他既想表現得開明，又知道我跟他的意見很不一樣，所以就會講很久。

大約二〇一一年底，馬英九競選連任，蔡英文第一次選總統的時候，我們一家人在吃飯。不記得我講了什麼，可能是批評馬英九的話，然後我爸就突然把筷子放下來，看著我跟我妹說，他有一件事情要交代我們。我跟我妹都看著他。接著他說：「爸爸希望你們兩個，在我死之前都不要加入民進黨。」結果我跟我妹都很錯愕，不明白話怎麼突然講到這個份上。

我爸就是這樣一個很嚴肅，想很多，但平常又不輕易表露的人，所以內心的小劇場才會演到這樣，超過我們想像的程度。

可能也因為這樣，我媽比我還記得深刻的是，我爸每次回來幾乎每天都和我談，一談就談很久，談到凌晨兩、三點，經常辯得非常激烈。

她說每次看我們要聊天了就趕快去睡覺，結果還是聽到我們講得越來越大聲。所以她常說我的口才是跟爸爸辯論辯出來的。

我從政之後的這些年，我覺得我爸應該也是有看到我的努力，確認我做的不是壞事。二〇一六年那次選舉的時候，我不是一個很有希望勝選的候選人，可是很認真地安排了很多場街頭肥皂箱演講，講我的政見。

選前最後一天晚上，我在政大校門口郵局前面的一塊空地做肥皂箱演講。下面都是年輕人，但是其中有兩個老人。一直到講完，我才看清那是我爸和姑姑。我們合照後，我說你們怎麼有空來，我爸說：來看看你在幹嘛。

二〇一七年左右，蔡英文推動年金改革，引起退休軍公教極大的反彈跟不滿。那個時候剛好是農曆新年，我們家族的長輩都在客廳裡面聊天。也有一位長輩發表了對於年金改革的不滿。我本來想說算了，因為過年，我們又是晚輩，沒有必要去跟長輩爭論這些。結果我爸竟然主動開口了。他跟那位長輩說，「我們日子過得還可以，每個月領七萬或每個月領四萬，生活品質都一樣都過得去。可是呢，中間差的這三萬元，可以讓年輕人過得比較好。」所以我爸說，他覺得這樣子還不錯。當然，這也有可能因為我爸在他兄弟姊妹之中是少數的非軍公教人員。不過我還是覺得很驚訝，覺得：「哦，原來我爸也會有這樣的想法。」這是一個我先前沒有料想過的事。我和他的辯論對他也有影響，我在做的事情也逐漸被理解。

我不是咄咄逼人

我從政之後，有些人覺得我說話邏輯清晰，可以把問題剖析得條理分明，但也有些人覺得我把話講得太直接，太犀利，有些咄咄逼人。

這麼說是誤會我了。

對我來說，把事情講清楚是重要的，因為我本來就是個不喜歡和稀泥的人。

但是如果我不從政，我可能不需要如此用心地使用語言這個工具。

譬如說，我在求學的階段，根本不需要積極地用語言去展露我的想法，或者是積極地去爭取機會。因為我考試的成績本身就很有力量，所以，像是要去參加演講比賽，或是其他什麼比賽，老師本來就會以我為優先的考量，我不需要額外再說什麼話去證明什麼、爭取什麼。

可是出了社會，從事公共事務之後就不一樣了。

過去做社運的時候，經常在處理社會上只有少數人關注的議題。那你只有一成的人要發出聲音讓社會上其他九成的人聽到，必須盡最大的能力來闡述自己的理念，然後用最大的聲量傳播出去。這不能不積極地用語言展露想法，爭取機會。

等到從政之後，尤其我加入的是社民黨這種小黨，又不一樣。

在職場上，你可能會看到有一些認真打拚的人，好像認真到過頭了。通常你看他的出身可能都不會太好，家庭條件或者生長的環境可能屬於相對比較弱勢，所以他必須付出比別人加倍的努力。

像我到目前為止，是全國只有一席的社民黨議員。我的資源完全沒法和其他資源雄厚的大黨相比。其他大黨的政治人物可以不須要一直說明自己的主張，因為他們本來就有很多支持者，很多戰友，或者很多同黨其他民代，或者很多網路上面的義勇軍會幫他補充很多東西。

像侯友宜，他講話不清楚沒關係，去大學演講帶個保姆，然後藍營的小雞也會幫他補充一堆。柯文哲也是，經常講出不清不楚的話，然後幾百、幾千人在幫他圓。

可是我不一樣。

我是在單兵作戰。我經常是在講出社會上比較少人注意到的事、看不清楚的事。那如果我為了讓自己看起來好像很優雅，很溫良恭儉讓，一來需要花費不必要的精力，二來也可能就永遠說不清楚這個事情的道理了。

所以，有人說為什麼我看來經常得理不饒人，但真實的情況是，要把道理講清楚的這條路，本來就是這樣子。如果不是我把話講得這麼清楚，別人可能也不會覺得我「得理」。

何況，在政治的領域，如果連我們自己都無法用語言捍衛自己，那明天就有可能立刻被別人殲滅。

二　媽媽帶我打開的閱讀之路

帶我走進閱讀世界的媽媽

如果說我的口才和我爸有關，那我的閱讀就和我媽有關。成長過程裡面，影響我形成今天模樣的人裡，首先應該說到我的媽媽。

她一直是個職業婦女，喜歡工作，也是一個非常熱情的人，又很喜歡社交。和我正好相反。

正因為她是職業婦女，一直在工作，所以她因為自己職涯的一些決定而對我產生的連帶影響也就很大。

我小時候常生病。

我媽說我出生的時候有黃疸，放保溫箱，後來有一陣子有氣喘，也常感冒。記得他們還說我什麼三天一小病五天一大病之類的。

我讀到幼稚園大班的時候，得了猩紅熱。病好之後，聽我媽說，因為我幼稚園讀得早，要再讀就得重念一次大班，所以她讓我跟上小學之間有了一年的空窗期。

這段空窗期讓我跟一家圖書館有了很深的關係。

圖書館

那段時間，本來我媽的打算是，每天早上她去上班的時候就把我放在爺爺奶奶家，下班再帶我回家。

可是她說當時我講了一句很早熟的話。我跟我媽說，「我不要這麼早就過老人家的生活。」因為在爺爺奶奶家可能就是天天看電視，然後吃飯、睡覺。

我媽聽我這麼說，想起她帶我去過一間圖書館我很喜歡，就決定每天早上上班的時候，騎腳踏車把我送到那裡。

現在木柵路上有個全聯超市，前身是臺北農產運銷的永建超市。樓上有一個圖書館，是市立圖書館的分館，二、三、四樓有K書的地方，有兒童閱覽室。那個圖書館每天早上九點開門，我媽就在八點半的時候騎車過去把我放下，等九點到了再進去。

我就這樣，每天早上去圖書館，看書看到中午了，就自己走路回爺爺奶奶家吃飯，大概要走兩個公車站牌。

等到下午，有時候我就自己拿著籃球穿過一條巷子，從世新的後門進到學校操場，參加一個籃球夏令營還是什麼的，跟那些大哥哥大姊姊打籃球。那條路直到今天我媽都說她不知道怎麼去。

一個才五、六歲的孩子就這麼自己來去，我媽一直說我很勇敢。她也說，她自己會讓我這麼做，膽子也太大了。

這樣的日子有半年多的時間。

在圖書館裡面，我先把兒童閱覽室裡面的書都看過一次。把那些中國神話故事、二十四孝、有插畫的童話故事書都看完之後，就開始看《福爾摩斯偵探全集》，記得是注音版的，我把整個福爾摩斯看完。

因為兒童閱覽室的對面就是成人閱覽室，然後我就跑去成人閱覽室裡面找簡單的書來讀。那個年代流行劉墉的書，每一本都講一些小故事什麼的。

然後還看到一些武俠小說，武俠小說都是成套的，每一套也不一定每一本都全，反正我就是抽幾本看，逐漸愛讀武俠小說。

另外，我還看倪匡，就是《衛斯理傳奇》那些科幻小說。那也是在圖書館抽著一本、兩本來讀。

後來即便進小學了，一到假日我媽還是會帶我去圖書館，在圖書館花上兩三個鐘頭。我們每個禮拜也都會借書，大概借個五、六本。我們家客廳有個沙發，角落有一盞綠色的燈，我媽說我總是在那裡非常安靜地看書。看得很快，也很安靜。

蠟筆小新和媽媽

伴隨著我媽帶我去圖書館，還有她騎單車載我的記憶。

幼稚園空窗期，她每天早上上班前騎單車帶我去圖書館。

我上小學之後，本來是搭校車，但是因為我們家好像是第一站或第二站，所以車程要繞繞繞，繞很遠很遠然後才會到學校；到了放學，又是要繞繞繞才到我家，所以到三、四年級的時候我就決定改搭公車。不過在搭公車之前，有一段時間，我媽每天騎單車先送我上學，再去上班。

清早迎著風，坐我媽單車上學的路上，我都把她抱得很緊很緊。當時電視上有《蠟筆小新》卡通。蠟筆小新的媽媽常騎著單車帶他。所以我媽常說，她就是蠟筆小新的媽媽，我就是蠟筆小新。

《國語日報》和第一筆稿費

我會很早就認很多字，能去圖書館看書，是因為從幼稚園開始，我媽就在家裡訂了《國語日報》叫我每天看。《國語日報》訂到我小學畢業。我人生的第一筆稿費也是《國語日報》給的。不記得是一年級還是二年級的時候，我投稿寄了一首短短的詩，反正是一個很小的創作。沒想到最後刊登出來，我還拿到大約三百元左右的稿費。那時候在我心裡真是一筆很大的錢。

因為我從小就愛看報紙，到後來不需要看注音之後，我也開始看家裡訂的《聯合報》。

到小學三年級左右，有一天我在《聯合報》上看到一個廣告，內容是遠流出版社重新復刻金庸武俠小說，重新設計封面，金庸有再加以編修什麼的，一整套七十二本。

在那家圖書館裡，都找不到全套金庸的小說，總是抽幾本看，所以我一看到這個廣告就好想要這一套書。但是好幾千塊當然買不起，所以我就問我媽，如果成績夠好，可不可以送什麼禮物給我。

她說可以送我書。我說好，那我就要這一套書。然後我們就設定了一個要考第幾名的目標，達到的話她就買給我。

我非常努力地達到了這個目標，得到了我人生當中第一個比較大的禮物。我在家裡放進一個書櫃排了一整排，然後從第一本開始一本本看，看了不到半年全看完。我很寶貝那套書，有一次連舅舅要來借書看我都不肯。

金庸小說的影響

讀金庸的小說對我有些影響。

跟別人比的話，我算是在年紀比較小時候就開始看篇幅比較長的讀物，所以我還蠻能接受長的文字。現在閱讀資料，別人會覺得很長的文字，我都覺得還好。

小說讓我思考自己想成為什麼樣的大人。像我就很不喜歡看《鹿鼎記》，我覺得韋小寶不是一個好人，是一個偷雞摸狗的人。

我也沒有很喜歡《天龍八部》。這部小說以段譽和蕭峰為主要的角色進行敘事。可是段譽是一個很軟弱的人，基本上他的成功都來自於他的好運。蕭峰是一個太悲劇性格的人，我也不喜歡這種悲劇英雄的感覺。反正我在看這些小說的時候慢慢就知道自己比較欣賞的人是什麼樣子。

我覺得郭靖是個好人，他是一個講信用也很用功的人。郭靖也是一個很忠於自己國家的人，但是他沒有蕭峰那麼悶。他還是一個有夥伴的人。我覺得像這樣就很好。

有一些比較短篇的故事我也印象蠻深刻的。比如說《雪山飛狐》，裡面有個角色叫苗人鳳。我在武俠小說裡面找到一個跟我一樣姓苗的人，還看到他有個女兒叫苗若蘭。閱讀這些算是我童年記憶中很大的樂趣。

高中的閱讀：《挪威的森林》、《紅樓夢》

我應該是在高中的時候讀《挪威的森林》。

有一天逛誠品，好像是因為看到兩個顏色的封面版本覺得很有趣，就買來看。那是我第一次因為閱讀了一個故事而哭得跟什麼一樣。我的閱讀量跟我的同學比起來雖然多很多，但不記得之前讀了特別感動或者是特別難過的。

現在我有點忘記到底是什麼情節了。但那時候我心裡面感覺是：啊，世界上真的就是有這種沒辦法的事。我覺得《挪威的森林》是在講一個人與人之間的關係有很多事情不是操之在己，不是光我決定怎樣，或者光我想怎樣就可以。人與人的關係有很多無可奈何，或是我們沒辦法去影響或沒辦法去改變的部分。對這種情緒，我印象蠻深刻的。

高中的時候還有一件事情。北一女高一升高二的同學有一個固定的暑假作業。每一個人都要去看《紅樓夢》，而且不是兒童版或少年版，是三巨冊的那個版本。看完要寫讀書心得，怎麼寫都可以，但條件是五千字，而且一定要用手寫，不能用電腦打字。

所以我高一升高二的那個暑假，就去買了《紅樓夢》三冊來看。只是看完之後，我沒有做那個暑假作業。因為我非常不喜歡這個五千字一定要用手寫的規定。所以我雖然看了，但沒有在高二開學時把作業交出去。那一學期老師一直催交，說你沒有交這作業就沒有分數，沒有分數就會被當掉。我們同學都交作業，不但手寫五千字還有人是用毛筆寫的。

但是因為分數有配比，所以我精算了分數。比如說暑假作業佔十分或二十分，那我就精算如果暑假作業這一項是零分，那我的國文段考要考多少分才能夠及格。我當時就是非常不喜歡那個手寫五千字的規定，有點算是賭氣，就不肯交作業。

雖然沒交作業，但我有看完《紅樓夢》，覺得這是一個厲害的作品。因為它的規模非常大，安排了超級多個人物，各個人物有非常多不同的故事，然後每一個人都有自己的性格，我完全可以體會這是一個非常厲害的作品。

高一的時候，我們每一個人都要修一個專題研究。有人選數學，有人選物理化學，我修了一個課叫做國文專題研究。有點忘了為什麼，但我就是選了這個，老師會挑一些現代作家的作品來讀，邀請作家來學校座談。我還記得那時候讀了鍾文音的作品，她有次還來我們學校講過一次座談。

大學的閱讀：《生命中不能承受之輕》、張愛玲

大學時候的閱讀，我有兩個很深的印象。

一個是張愛玲。大一國文課指定讀物是張愛玲的作品，應該是《傾城之戀》。所以開始看張愛玲。

另一個是《生命中不能承受之輕》（The Unbearable Lightness of Being），米蘭·昆德拉（Milan Kundera）的作品，也是到目前為止我覺得自己最喜歡的一本書。

現在大家談到這本書都會講「媚俗」這個概念，但是我在大學時候看第一遍留下最深刻的印象，是生命中那種非如此不可的選擇。主角在生命中做很多選擇

的時候，也許旁人覺得這選擇是錯誤的，是笨的，是不可理解的，但對他來講就是非如此不可，就是要這樣做。

他在書的一開始提了一個概念：如果一件事情可以重複無限多次，那它好像就沒有這麼嚴重或這麼重要，就如同我們的生活如果能夠活無限多次，我們人生可以重來無限多次，那我們現在每天做的每一個選擇就都不重要了，因為有無限多次可以重新嘗試。

可是當我們只能活一次的時候，這一切就變得這麼嚴重。我們的生命就是自己的草稿，也是成品。

這是個非常吸引人的概念。你每做一次選擇好像是無足輕重，影響不了什麼，但是在你生命裡面就是這唯一的一次。因此，是不能承受之輕。

三　君子之交淡如水的朋友

妹妹

在家裡，我的媽媽是主要照顧我的人，但主要陪我一起成長的人是我妹。我有一個小我六歲的妹妹。我媽在我幼稚園之後選擇要我空窗一年，另有一個原因就是我妹妹出生。

我媽在產前離開前一個工作，等我妹妹出生後，我空窗的時間正好可以幫媽媽照顧妹妹。也因此，我媽媽常開玩笑說，她很早就要我當童工了。

因為我爸爸去中國工作，在我妹妹出生半年後，我媽也想再投入職場，在她出去找工作、不在家的時候，就是我負責照顧妹妹。後來我奶奶知道了，把我媽數落了一頓。

在我媽重新投入職場後，妹妹平日由我姑媽照顧，我則到圖書館看書。

後來我進靜心小學，讀到三、四年級改搭公車上下學的時候，我妹也上幼稚園了。所以我就要在放學的時候去幼稚園把她接出來，然後再把她帶到我奶奶家。

一個小學生帶一個幼稚園小孩走路過去。

等到我上靜心中學了，我妹也進靜心小學。這樣她放學之後就會來國中部我的導師辦公室，等我放學帶她回家，或是我媽來接。一直到我進了高中才停止。

我妹出生的時候我爸很高興。他非常疼愛我妹。他也沒有不愛我，但是他疼我妹就是疼老么的那種。直到我妹現在都已經三十歲了，他還是覺得我妹是小孩子，容易受騙，容易受傷的。連現在都這樣，小時候就更不用說了。

所以我記得我爸有一天還很鄭重其事地跟我說：「你要好好幫媽媽照顧妹妹，妹妹有個閃失，唯你是問。」

總之，我的成長經驗不只是個鑰匙兒童，還是一個小家長。

正因為我跟妹妹年齡差距很大，我又有點代替家長的感覺，所以在小時候，我並沒有真的跟她很親近。應該是到了我妹國中、高中，我差不多在大學的時候，才開始比較能夠溝通，也逐漸開始有互相照顧的感覺。

在小時候求學過程裡，因為我們姓苗，讀同一所學校時候，很容易就被看出來我們有關係。我比較早出生，所以學校老師比較記得我。有時候，他們會把我妹的名字叫錯，把她叫成苗博雅，或者是她就變「苗博雅的妹妹」；我小時候不覺得這有什麼問題，但長大想想，其實覺得蠻不好意思的，她的人生像是在苗博雅之下所發展出來的另外一個副本，但其實不是。

後來，隨著年齡越大，我們的距離就越近——不是物理的距離，是心理的。物理上的距離，當然是小時候住一起時最近；但在心理上，我們現在互相陪伴、支持、加油鼓勵。

我妹的人品非常好，很為別人著想、很體貼，這些都是我所比不上的。對我來說，她是一個很大的支持力量，她非常關心我，很多事情會為我著想。我也一直非常支持、也非常希望我妹可以去做她喜歡的事情。她大學要上臺大戲劇系，我覺得很好；她喜歡戲劇，想要當演員，我也覺得很好。一直到現在，她都還在演舞台劇的這條路上努力。我覺得我應該給她完全的支持，因為我們從小一路就是這樣子，相互支持過來的。

我跟我妹之間的這種手足感情很珍貴，並不是每個家庭的孩子之間都會有這麼好的感情。

朋友

我小時候的社交關係很少，身邊幾乎沒有玩伴。

上小學之後，比較多跟男生一起玩，打籃球。可是因為放學要照顧我妹，帶她回家，所以沒有課後活動。

國中的時候，是男生女生同學都有；高中的時候同學都是女生；大學的時候，又男女都有，然後擊劍校隊上也是有學長姊。但是回想一下，大多數時間都在跟我女朋友相處而已。我是一個很少進行社交活動的人。

我從小就有一個奇怪的想法，我認為「君子之交淡如水」是真的。我很少約朋友吃飯，或是一起做什麼。然後我對自己的期許就是，當朋友有困難來找我，我做得到的話一定幫他。

我媽跟別人說我常幫同學補習，其實沒那麼厲害。就是有人有問題來問我的話，我會盡量跟他們講我的想法，但也就這樣。我沒有辦法很有系統地準備教材、思考該怎麼幫大家補習。就是和大家一起解一些題目，看這個題目上有什麼可以討論的。

比較記得的，是國中時候一個同學轉學到我們班上。這個同學是很好的一個人。但是因為她是從國外回來的，英文超級好，華語就沒那麼好，所以上課的時候經常聽不懂。她不是笨，不是頭腦不好，而且很聰明，只是聽不懂老師在講什麼。所以我就開始在課業上協助她。

她的爸媽也是很好的人。應該是因為看我幫他女兒，後來就要我拜他們當乾爹乾媽。

總之，我在社交上比較謹慎，我有時候覺得自己太熱情會對別人造成困擾，我自己也沒有那麼多的社交能量可以到處去發散我的熱情。

所以我有個執念：朋友就是大家有難的時候會幫忙的人。我交朋友的方式就是「你來找我的時候，我會幫你的忙」。

玩具

我覺得我媽是蠻有意識地想要教導我節儉，或者不要亂買東西，所以小時候要叫她買東西真的不簡單。就是要一直煩她，才會買。

我要她買的玩具都是男孩子玩的。

電視上常演一些武俠小說改編的電視劇還是布袋戲之類的。有一天出去玩，在路邊看到一把木劍覺得很喜歡，就苦苦哀求我媽買給我。

就這樣我有了一把木劍。

大約是要進小學之前，我爸媽帶我第一次出國，去了香港。除了記得吃了些特別的水果，水蜜桃之類的，還去海洋公園玩還買了一頂海軍的帽子。覺得很帥。

相對的，叫我爸買東西給我就比較容易。我爸工作很忙，跟我們相處時間又少，所以他回臺灣的時候每到週末就會帶我去逛百貨公司。忠孝ＳＯＧＯ的六樓當時是兒童服飾跟玩具區，還設了一個遊戲區有些小溜滑梯。週末我就要去那裡玩，再去旁邊看玩具。

我會買的玩具第一是樂高，第二是金剛戰士。金剛戰士有五個角色，各有一個機器人，全部組起來之後變成一隻很大的組合機器人。

我媽說我很愛玩那個組合機器人，一玩就玩很久。她因為看我從小就愛揮刀舞劍，所以到我大學的時候學擊劍，就一點也不訝異。

卡通

我在電視上看兩個卡通。一個是《蠟筆小新》，一個是《七龍珠》。雖然我媽騎單車帶我上學，有讓我當蠟筆小新的時光，但我小時候印象最深的動漫其實是《七龍珠》。

《七龍珠》是在我奶奶家看的。我奶奶家的電視是按表操課，中午先播臺式綜藝節目《天天開心》；下午是一些京劇或者歌仔戲，傳統戲曲的節目；然後到了接近傍晚的時候，就會播《七龍珠》。奶奶會一路開著那台電視，時候到了我就會去看。

我非常喜歡看《七龍珠》。現在自己辦公室還有放一套《七龍珠》漫畫。我覺得《七龍珠》是讓人很著迷的一個故事，因為裡面的主角只想一件事，就是如何變得更強。

它的敘事很簡單。悟空先和克林一起跟龜仙人學功夫。學完之後就去外面打架，然後遇到了武功高強，戰鬥力高的壞人，然後被打得「歪膏揤斜（臺語）」。可是因為悟空是賽亞人，有特殊的基因，所以當他憤怒，或者說修煉到一個頂點的時候，就會往上再提一級。

所以他不斷地被打敗，然後不斷地變得更強把對手打敗；然後又有更強的人把他打敗，然後他又再變得更強把對手打敗。中間可能會死掉，死掉之後，朋友就要去全世界收集龍珠，把神龍召喚出來許一個願，讓他復活，回到世界上來。

這個卡通充滿了友情、團隊合作，以及不斷變得更強的情節，所以我很喜歡，很愛看。不知道下一個更強的人，更強的反派是誰；這個更強的反派出來之後我們要如何去精神時光屋修煉，或者用什麼方法合體、變得更強，來打敗這個強大的對手。

開始有外國朋友

我開始有外國朋友，是在參加社運之後。

臺灣的社運界有一個現象蠻有趣的：國際化程度很高。因為臺灣的外交受到中國壓迫，所以民間要自行去拓展。說到民間，大家通常會先想到在商業，或者是學術文化上有很多的國際交流。但其實社運的國際交流也很多，因為西方團體都會對亞洲的民主感興趣，但是他們又進不去中國，沒有太多可以去連結的地方。所以臺灣會是西方想要來瞭解亞洲社運的一個重要連結點。

在社運的經歷中，參與了很多跟外國朋友的經驗分享跟意見交流，這對我後來的工作有很大的幫助。

比如說，我從來沒有在國外生活過，雖然英文沒有非常好，但我不太會怕到不敢講英文。在過去做社運的經驗就是：不管怎麼樣，講就對了。讓雙方彼此瞭解對方的想法，講就對了，表達就對了。

所以一直到現在，我們在做很多國際交流的時候，都是因為過去累積的這些經驗，讓我們比較能夠勇敢地去跟國際上的朋友表達自己的想法。

四　在明星學校成長的反思

功課和學業

我媽不只很早就訂《國語日報》給我讀，還從我幼稚園的時候就堅持要我讀小學教材。等到要上小學的時候，她又堅持送我進靜心小學。

我還記得我爸媽吵過架。我爸說那我們讀公立學校就好，按照學區讀。我媽說不行，一定要送去私立的。

後來聽我媽說，主要是因為當時我爸不在家的時候多，她自己又要上班，所以上私立小學有校車，在學校待的時間也可以比較久一點，不必另外上安親班，這樣她可以比較安心工作。並且，她覺得這樣將來可能比較容易進公立高中。

上私立小學，對我家來說是一筆負擔，但他們最後還是堅持要這樣做。後來我和妹妹都讀靜心小學、中學。

回頭看，靜心中小學的創辦人蔣緯國當然名字很響亮，可是在我入學的年代，已經是一個沒落中的貴族學校。當時大家覺得有錢人讀的私校是像私立復興，或者是薇閣那種，靜心不見得排得上前面，但那已經是我父母可以負擔得起的最好的學校。我周遭的同學家裡幾乎都比我們家有錢。

因為我功課一直很好，又因為私立學校就是升學導向，所以學校對於功課好的孩子不會干涉太多。

不會有人一直叫我要改這改那，或者不停地叫我去訓話。雖然沒有人跟我說，但是我覺得在他們的眼裡是：這個孩子功課太好了，所以要當回事，這樣就可以成為學校升學成績單上一個好案例。

也因為我受到的干涉不多，所以從小學、中學起都還算蠻能表達自我、展現自我。這是後來回顧人生的時候，我覺得自己很幸運的地方。

和國中不一樣的高中

高中開始，我發現人的能力真的是多面向。

進入北一女中的學生，都很會考試。我最會考試就不是任何特點，而是很普通的一點。我一看，原來這麼多人那麼厲害，音樂、體育、美術，各種長才都有，突然發現自己很多事都不會。可是在這個發現的過程當中，並不感到痛苦，而是帶有一種欣賞——啊，原來這個世界上有這麼多不一樣的人。

北一女中校園文化很正向，大家都會欣賞各種不一樣的人。所以我一些奇特的地方、與眾不同的地方，也同樣被包容被欣賞。回顧人生，這真是我很幸運的事。至少在高中畢業之前，在我的生活環境中，我從沒有因為性別特質受到團體的排擠，或是霸凌。因為我感受到這種幸運，所以在看其他生命經驗的時候也意識到一件事。

那就是：我所能夠得到的成功或成就，並不全然是因為我一個人努力的結果。

看到高材生的渺小與社會責任

在高中畢業之前，我對於學業成績是非常自負的。從國小開始，我設定的段考目標是每一科都要考一百分。國中升高中的時候，我給自己設定的目標不只是考上北一女中，還有要考滿分。最後的結果是我錯了一題，差三分沒有滿分。

進了高中，高一、高二的時候，我接受自己成績不好的事實。我給自己的解釋是：因為我沒有在讀書。我相信只要我開始讀，一定會讀得很好。

高一的時候知道了原來有好玩的社團，就開始從事社團活動。

高二功課變得很爛，是因為我去班聯會做班聯會主席，沒怎麼念書。暑假作業不交，數學也不念，掉到班上三十幾名也沒關係，這是我高二的生活。

然後到了高三，奇蹟該出現的時候。於是我就設定我的目標：高二放暑假要升高三的時候，我就要開始每天讀書。

升高三的那個暑假，社團活動結束了，我決定好好讀書。

那是我人生第一次報名補習班。當時非常認真，暑假天天都去補習班上課，把高一、高二沒學好的東西都補起來。補習班是一個幫我整理的過程：整理課本的內容有哪些、題目類型有哪些。

但是我從來不去背這些題目和答案，而是去了解答案背後邏輯是什麼，掌握其中一些基本原理。

我認為不論文、理，任何科目都有原理，再怎麼深奧的事，也不會脫離原理。譬如歷史的原理就是因果，歷史事件不會憑空發生。一定是前面是有什麼人的什麼性格做了什麼決定，因此影響了後來的什麼事。就算你不記得那些人名，但有邏輯可循。

地理也有原理。熱帶、溫帶、寒帶的氣候，會有各自不同的地理形貌。數學也是。三角函數有很多公式，但我只背三分之一，其他就用推演出來。到後來讀法律的時候，有人會背《六法全書》，我覺得很厲害。但是對我來說，理解法律為什麼這麼規定，比記住法律條文更重要。

也因為如此，我不會太在意短期之內考得好不好。我寫錯題目的時候，我最在乎的不是我被扣了幾分，而是我哪裡想錯了。

所以對我來說，讀書不是枯燥的事，因為讀書的時候我有我自己的思考在裡面。透過這些學習去了解世界是怎麼運作、了解別人是怎麼想事情的。我覺得這些事情是有趣的。

我考大學的目標設定是：臺大法律。我學測的時候考七十二還是七十三級分，沒有考滿分，所以沒有辦法用申請或推甄推上。

那時候很多同學都在猶豫說：「我考試是幾級分，雖然還進不了理想的科系，但是已經可以上臺大了，那要不要先上臺大再說？」

但是當時我沒有任何猶豫。我只有三個志願，臺大法律有三個班，如果沒上的話我就直接考指考，完全沒有經歷任何猶豫或掙扎。

所以當成績有起色，我相信只要不失常，考上臺大法律應該是可以達成之後，我就給自己設定一個更難的目標：北一女中的文組第一名。

最後，我因為差了不到一分，只考到第二名。

但這就是我發揮實力的方式。我會設定一個「跳起來就有可能搆得到的目標」，如果目標設得太高，會覺得那是隨便講講的，不可能達到，如果目標設得太低的話會鬆懈。需要設定一個跳起來就有可能摸得到、搆得到的。

所以每當柯文哲說他智商一五七，考上臺大醫科如何如何的時候，我覺得那真是再普通不過的事情。我一點都不會像其他人一樣，因為他這麼說而產生崇拜感。我只會覺得這有什麼了不起。

總之，在我十八歲高中畢業之前，我都覺得我自己很棒，因為所有旁邊的人都來告訴我，說我很棒。那個時候我對自己的自信簡直超級爆棚。

臺大法律系

進了大學，那又是一個跟我前面人生都不一樣的經驗。

在臺大法律系，不只像北一女都是最會考試的人、大家可以互相欣賞彼此的長才，我更發現了過去所有的教育沒有告訴我們的一件事：到底人生的目標是什麼？

我們人生目標好像在考上第一志願的這一刻就已經達成了，那接下來要幹嘛？

我開始思索一些以前從沒有想過的問題。

我要做什麼？

是要考律師、檢察官和法官嗎？還是要讀法律研究所，成為一個學者？

然後開始看到一些歷史課本上從來沒有教過你的事情，接著會突然發現說：「哎，過去十八年來的人生，好像不是我所認識的樣子。」

我開始學習「法律是什麼」。看到法律的實務，等於是看到社會的現實，發現原來這個社會上有這麼多跟我們命運截然不同的人。

然後也開始接受自己確實有極限這件事情。

法律系的課業是這樣子的：你如果真的要出類拔萃，那就真的要付出非常非常多的時間，這絕對不是一件容易的事情。可當你要付出這麼這麼多時間的時候，你就會意識到一件事：你當真有自己想像中那麼愛讀書嗎？當真對學術有那麼大的熱忱嗎？

而我發現：我其實一點都不喜歡一天坐在書桌前面十二個小時讀書，我其實一點都不喜歡寫一大堆答案。

那，我應該要怎麼辦？

同時，我也看到同學在課業上面的敏捷，他們的聰明才智，以及勤奮刻苦。終於我有一種很深刻的體會：我真的沒什麼了不起，我真的很普通。

也就在這同時，我又看到社會上一些以前從來沒看過、從來沒想過的角落，比如說那些被送到少年機構的「飛行少年」；比如說犯罪學、監獄學中談到的「人為什麼會去犯罪」；比如說「刑法分則」的課程中，分析的各種犯罪行為之類型。

學習法律的過程中，有太多種不一樣的人生呈現在法院的判決裡面。

明星學生的自省

在我的職業生涯當中，曾經去一些被認為是明星學校或第一志願的高中演講。在這些場合中，我一定都會在最後留一段時間，跟這些學生講一個段子：「我們人生的成功為什麼來自很多其他人的幫助和貢獻？」

這句話，是大學教育給我一個最重要的收穫和體悟。

所謂明星學校畢業的學生，所謂好學校畢業的學生，我們一路上受過太多、太多人的幫助。

二〇〇三年我讀北一女中的時候，每學期的學費只要八千塊，每個教室都有兩台冷氣。當時我沒覺得有什麼特別。但是我讀大學的時候發現，原來臺灣還有很多的學校是沒有冷氣的，甚至一直到現在二〇二三年了，我們才剛剛完成全臺灣班班有冷氣的這個目標。

北一女中老師的基本學歷門檻是碩士起跳。雖然法律沒有規定，但是實際上一定要有碩士學位才有辦法去教書，應徵得上。而我大學的時候才知道，原來好多的偏鄉學校根本沒有老師要去。

我讀臺大法律的時候，一學期學費兩萬五千塊，四年繳十萬塊，可以修一百四十八個學分。等後來聽人在聊出國留學的事情，我才知道：原來在國外讀法學院一年就要一百萬臺幣。那為什麼臺灣的學費會這麼便宜？

當時看到媒體在討論公共政策，教育部要用五年五百億來補助幾個頂尖大學，買最新的器材等等。那這些公立學校學費為什麼可以這麼便宜呢？當然來自納稅人的補助。不然如果每個人只收兩萬五千塊臺幣，一定是虧錢的。

我們這樣的學生，是因為受到各種幫助和栽培而來到這裡。可是我們何德何能接受這些幫助呢？這些幫助是來自於什麼？

一部分是因為運氣，一部分是因為我出生在臺北市，並且我出生在願意栽培我，也有能力栽培我的家庭裡面。

如果說苗博雅這個人的所有的條件都不改變，我的聰明才智、努力、個人條件全部都不改變，但只改變一件事情：讓我出生在一個偏鄉的低收入戶家庭呢？那我想不要說什麼考上臺大，連北一女都考不上啊。這就是現實。

而最近政府在推動補助私立大學的學費，讓私立大學學費跟公立大學學費可以趨近。我也不覺得這是沒有必要的灑幣，因為對於很多盼望階級流動的家庭來講，學費確實就是負擔。

明星學校的學生，受到大家的疼愛、受到大家的栽培。而疼愛我們、栽培我們的人，他們可能一輩子都不會來讀這個學校，也許他們的小孩也不會來讀這個學校。那麼這些納稅人為什麼願意用稅金支援這些公立學校、支援這些高等教育？因為納稅人可能有一個想像，覺得我們可能會對社會有所貢獻。就是基於這樣的想像，所以大家願意把資金投入在這裡，願意來幫助我們。

我們之所以受到這些幫助，不是因為人品特別好，或是真的有多麼優秀，而只是因為我們考得特別好而已。

會考試真的沒什麼了不起，但是會考試的人卻可以得到這麼多好東西，在他們身上有這麼多好事情發生。

對我來說，明星學校的學生在學成之後，要為自己找一份好的工作，買一間好的房子，成立一個好的家庭，都是應該的。這都是大家追求幸福的權利，都是我們為自己的人生所該爭取的。

然而，我們是否也應該在有能力的時候，撥出一些能力來回饋給這個社會？這些是我每一次回到所謂的第一志願的高中時，我一定會講的東西。在我的政治價值裡面，有能力的人、有能力的團體，應該要儘可能地幫助在同一條船上的人。

這種價值觀，在我成長、一路所學所思的背景裡，其實是佔相當大的比重。

五　社運教我的事情

迷惘摸索人生道路

前面說過，十八歲的時候，應該是我人生當中自我感覺最良好的時候。所以我完全理解柯文哲的自我感覺為什麼會那麼良好，因為他停在他考上臺大醫學系的那個時候。

對我來說，如果我一直停在高三考上臺大法律系的時候，我也會自我感覺非常良好。但是後來發生了一些事。

一是我高中畢業的時候，女朋友說要分手。那是我人生第一段親密關係，讓我受到很大的挫折。

聽她說要分手，我不禁自問：「天吶，我有這麼不好嗎？」這就開始對自我打出一個問號。

第二個問號，就是進了臺大法律系之後發現，我其實一點都不喜歡一天坐在書桌前面十二個小時讀書，一點都不喜歡寫一大堆答案。

那怎麼辦？

我不喜歡那條鋪在眼前，大家告訴我一定要走的路。

所以在大學的時候，我去參加擊劍校隊，去接觸我從來沒有接觸過的活動，看一些比較奇怪的小說，比如說米蘭．昆德拉的《生命中不能承受之輕》，然後開始關注社會運動、關注一些政治的新聞，開始偏離了那條別人認為你理當要走的路：考律師、考司法官，或者是考法律研究所，大概九成以上臺大法律系學生都會被期待的路。

所以到了大四的時候，我跟家人的關係有一點緊張。他們覺得我好像漫無目標，不知道要做什麼，很想要我趕快交出一個人生的目標。

但是我真的不知道我要做什麼，也不想要和家人處在這麼緊張的關係之下。於是我有了個解法：我要經濟獨立，之後我自己住，我想做什麼就做什麼，我不需要再靠家裡。

很直接的想法。

社運最早的啟蒙

高中班聯會的經驗是我社運最早的啟蒙，是我初步接觸公共事務的機緣。另外，有件連結到我個人特質的事。我從小就討厭穿裙子，但在臺灣的制服文化下，每年都有一半的時間要穿裙子上課，這對我這樣的人就有一點困擾。我在高一下學期競選班聯會主席的時候，就提出一條政見：廢除強制換季的制度，讓學生自由選擇要穿冬季制服還是夏季制服。

在我擔任班聯會主席的任內，並沒有實現這項政見。但是到我高三卸任主席以後，發生了兩件事情。

第一件事情，是北一女中來了一位新校長。這位新校長有一點比較特別。她應該是史上第一位沒做過景美女中和中山女中的校長，就來北一女中當校長的人。她並不是在所謂北一女中百年傳統的體系、脈絡下產生出來的校長。

第二件事情，是當時的陳水扁任內的教育部頒布了新規定：全國各級學校不可以再以服裝儀容為理由獎懲學生。這項規定的重點當然是在不准懲罰，因為本來就沒有人因為服裝能得到獎勵。另外，這個規定也要求全國各級學校成立服裝儀容委員會來討論學生的服裝儀容，而且這個委員會需要有學生代表。

新校長跟新規定，這兩件事情就這麼剛好碰在一起。當時的新校長很認真地執行這新的規定，她召開了服裝儀容委員會，要找一位現任和一位前任班聯會主席當學生代表開會。因此我雖然已經卸任班聯會主席，但還是成為代表。

我跟學妹討論了一下我們應該持有的主張。

我提出了廢除制服換季制度的想法，因為第一，我覺得這主張很溫和，這沒有要改制服，學生可以選擇的兩套衣服都是我們既有的制服，只是希望學生可以有權利選擇自己要穿哪一套而已，就是這麼卑微的一個訴求。

第二，我們找到很好的案例：臺中女中。臺中女中的制服長得跟北一女中基本上九成五相似。我們主張說：別的學校可以，我們應該也可以。

我們在會議上提了這樣訴求，包括教官代表、老師代表和家長代表通通都表示有疑慮。但是最後，那位校長直接裁示說她覺得這訴求蠻合理的，因為她以前當校長的學校早就這樣子規定了，不理解北一女中為什麼不能這麼做。最後，在校長裁示之下，這個決議就通過。

日後每當談到參與社會運動的經驗時，我都會從這個點開始講起。當時我也不知道什麼叫社會運動，對於社會運動和改革也沒有什麼真正的想法，但是回過頭來看，我很幸運能有高三的這一次經驗，因為我體驗到了什麼叫做「在適當的時間點，做正確的事情，就可以推動改變」。

同志議題：原來推動社會的改變，也可以是一種職業

大一的時候，我第一次參與真正意義的社會運動：同志大遊行。

參與這個活動是個偶然。當時有朋友跟我說：「哎，這個週末有一個遊行你要不要去啊？同志遊行。」

我問為什麼要去。她回說：「張惠妹會來唱歌，免費的，一定要去聽。」

聽到阿妹有免費的表演，我就去了。

到了現場之後看到很多攤位，我才發現：「哦，原來有這麼多的團體，那些團體在發什麼傳單，看一下。」然後就覺得還蠻有趣的。看到很多不同團體的不同訴求，我開始意識到：哦，原來世界上有這樣子的單位，一個團體、一群人集合起來想要去推動社會制度的改變，比如說關於勞工的，比如說關於性別平等的。

對我來講，這是一個很真實的體驗。我所受的教育裡面，在高中以前看到所謂的社運，其實只是歷史課本上簡簡單單幾個字：五二〇農運、野百合學運，配上非常短的描述，沒有什麼真實感。

但十八歲那年去同志大遊行的時後，才發現原來社會運動並不像課本上面寫的那樣，總是那麼嚴肅、那麼遙遠；才發現原來社會運動是持續地、不斷地在發生。也因為從十八歲開始有了這樣子的入門，一直到現在，我幾乎每年都會參加同志大遊行。

我讀大學的時候還有一個社會運動「野草莓」，讓我體驗到什麼叫做「同學一半都不在教室裡」，因為大家都在自由廣場靜坐，然後被警察拖走。所以「野草莓」也是讓我開始慢慢認識社會運動的源起。

另外，我們大學有個課程叫做「服務學習」。「服務學習」沒有學分，但畢業之前一定要修完。我去法律輔助基金會，當時最好的朋友去同志諮詢熱線。在那時候我才開始認識到原來有熱線這個團體，然後好奇地看看他們在做什麼工作。到那個時候，我又知道：「哦，原來有些人是全職的社運工作者。」

高中生跟大學生對職業的想像很扁平。那時因為這些參與，才慢慢建立起一個認知：原來推動社會的改變也可以是一種職業、一種工作。

當了公民記者

大學畢業之後，因為我當時一心想的就是要趕快經濟獨立，做一個自由的人，所以我立刻到社會上工作，找了一個中小型法律事務所做法務。

那個工作跟社運完全沒有任何關係。一直到二〇一二年，我收到了一封信。

在我讀大學時，有一天上課太無聊了，就在臺大法學院裡亂晃，然後發現我們的國際會議廳竟然在放免費的電影，於是跑去看。走進去之後，有人跟我說：「哎，同學，我們這個是殺人影展，你能不能留下你的資料，訂閱我們的電子報？」因為我是一個很有禮貌的人，不擅長拒絕人，又是看免費的電影，所以覺得留個電子郵件也是應該的。

於是我從大學開始就固定收到「廢除死刑推動聯盟」（以下簡稱「廢死聯盟」）寄來的電子報。只是我沒有看，就跟大家一樣，信箱裡塞滿了各種沒看的電子報。

二〇一二年某一個假日，我注意到信箱裡有一封信標題叫做「公民記者培訓」，覺得很有興趣。記得那個時間點的前後是大埔事件。

大埔事件是個關於科學園區的徵收案，怪手直接開進田裡，把良田剷除，引起社會非常大的質疑。而當時拍下怪手開進大埔阿嬤的田裡，直接挖開綠油油稻田畫面的人，不是任何商業媒體，而是一個素人，一個老百姓。他自己拿著攝影機拍到，然後上傳到網路，被商業媒體發現後播到新聞上，造成了極大的發酵。

我因而注意到公民記者這個概念，覺得太吸引人了。我們可以突破媒體的限制，每一個人都可以在某個時刻變成記者，每一個人都可以記錄真相，甚至可以讓這個真相發揮力量，這真是很吸引我的概念。所以我一看到那個「廢死聯盟」寄來的電子報說要舉辦公民記者培訓，就馬上點進去看。

一看很有趣。裡面的講師很有名，是張娟芬，我們以前在大學的時候看她寫的書。然後有蔡崇隆導演，拍過有名的《島國殺人紀事》。看了後之覺得很酷，重點是都辦在假日，而且免費。我身為一個上班族，辦在假日可以去參加，免費就更好了。

鄭性澤案

我去參加公民記者培訓的時候，覺得這就是單純教大家怎麼做公民記者的培訓。事後回頭看，這裡面埋伏了陷阱。在連續幾週時間裡，我們在營隊裡學習怎樣拍攝影像，怎樣寫報導，怎樣排版報紙，怎樣去整理案件。而我們用的全都是同一個案子的資訊——鄭性澤案，一個死刑定讞的案件。然後我們被要求針對這個案件，開始寫報導，看各種資料，開始分析它。所以在這個營隊裡面，我把鄭性澤案幾乎全部的資料，從判決到卷宗裡面重要的證物全都看過一遍。營隊結束的時候，我知道麻煩大了。那時候我已經有一些法律實務工作的經驗，以我的所學，以及我工作上的經驗看鄭性澤這個案子，我認為他是被冤枉的。我發現我的心證告訴我：「他沒有殺人。」但是他已經被判死刑定讞。他雖然還沒被執行死刑，可是被關在看守所，政府隨時可以合法的把他抓去執行死刑。所以我開始參與廢死，並不是基於什麼多高尚的良心。其實沒有。

我只是覺得以我的個性，我沒有辦法說：「好，這個營隊已經結束了，我們祝福鄭性澤先生足夠幸運，早日獲得平反。」然後回去過自己的日子，完全不受影響。

我做不到。

在這個營隊結束之後，我就變成了鄭性澤案的志工，我開始幫他寫東西，貼在網路上、貼在我的臉書上。

然後開始被罵。有人來罵我說：「你怎麼幫壞人講話啊？」

不過我的個性是這樣：如果你來罵我，你罵得對，我會改；如果你來罵我，我覺得不對，我有我的道理，我會講。所以就越陷越深，開始寫東西介紹鄭性澤案，只要有人來罵一堆，我就再講更多。

慢慢地，我開始寫，「為什麼死刑是一個值得被質疑的制度、應該被質疑的制度？」接著越寫越多。這樣下來，當然也產出了許多素材。

事後來看，你就會發現原來這個營隊就是為了鄭性澤案招募志工啊！也確實招募到了一些志工，比如說我。

當廢死聯盟法務

二〇一二年年底，廢死聯盟執行長找我，說他們需要一個法務，問我願不願意去工作。我當時猶豫了一陣子，因為我本來就有工作，假日做志工可以，但是叫我去廢死聯盟上班，首先我的顧慮是，這跟我的人生發展的方向符不符合；第二個就是賺不到錢——我還是會去思考這些很俗氣的問題。

我跟我爸媽講的時候，他們說：「天吶！這是一個工作嗎？這不是志工嗎？這有沒有薪水？」

我說：「有啦，這個有薪水，只是不高。」

後來發生了一件微不足道的小事，讓我做出了決定。

有一天晚上，我在網路論壇ＰＴＴ上看文章，因為ＰＴＴ上很多人喜歡問八卦。

我看到有人問說：「在酒店工作一個月可以賺多少錢？」我點進去看看大家怎麼講。我發現，在酒店工作的人說，如果努力的話，一個星期就可以賺八到十萬，再努力一點，一個星期賺二十萬也是有可能。

我心想：「哇，賺這麼多！」

然後，突然我有一個很奇怪的連結。在我眼前有兩條路，一個是做我覺得很有熱情的工作，比如我去救援冤案，然後薪水超少；另外一個是做我熱情沒那麼高的工作，但薪水大概高了兩、三成。

這樣兩個選擇。

看到大家在討論酒店工作可以賺多少錢後，我就想：如果做自己沒那麼喜歡、沒那麼有熱情的工作來換取金錢的話，那應該是要做這種一個禮拜可以賺八到十萬，或者是二十到三十萬的工作才划得來吧。否則，我的熱情豈不是賣得太便宜了？

就在那個很奇怪的瞬間，我覺得少賺一點錢沒關係，應該做一個我覺得自己比較有熱情的事情。也在這個時候，我才決定正式踏入所謂全職社運工作者的行列，去廢死聯盟當法務主任。

杜氏兄弟案：參與公共事務最挫折的一件事情

我跟杜氏兄弟案的緣分是這樣的。在廢死聯盟工作的時候，我遇上從事公共事務直到今天都覺得挫折感最大的一件事。有一天我收到了來自臺南看守所的一封信，信裡面一開頭就寫：「我們真的是冤枉的啊！」當然，很多人都會這樣講，看多了有時候也會麻痺。但是看到他寫的第二句話就不一樣，因為他寫說：「臺南地方法院一審是判我們無罪。」

我看到這句話，大感震驚。全世界民主國家裡有死刑的國家就三個：臺灣、美國和日本。有些人會把新加坡算在內，但是新加坡沒那麼民主。按照美國的法律，如果你曾經被判過無罪，那檢察官是不能再上訴的。因為照美國法律的規定，如果你被判過無罪，就代表有合理的懷疑存在；只要有合理的懷疑存在，就不能判有罪。如果杜氏兄弟在美國受審判，他們現在是自由人，因為他們一審被判無罪，檢察官不能再上訴。

但臺灣沒有這樣的規定。

即使如此，當我看到他們寫說一審被判無罪的時候，還是非常驚奇，真的有這種事嗎？我立刻去找他們的判決出來看，把一審、二審、三審、更審全部看一遍。

看完之後，我知道這案子非常嚴重。

檢察官起訴的內容是這樣：杜氏兄弟——杜明雄、杜明郎——跟他們的爸爸杜清水三個人，前往中國廣東的佛山。檢察官指控他們父子三人在一個暗夜裡面侵入佛山一家工廠，殺了五個人，然後劫走了一些財物。

檢察官起訴的內容裡面寫了一大堆他們如何摸進哪個房間，把誰綁起來、殺了誰等等的過程。然而，證據是什麼？

首先，致命傷都是刀傷。那有沒有找到凶器，找到刀的證據？

檢察官舉的證據是：中國的公安在這三父子住處附近發現的旅行袋。這個旅行袋裡面有膠帶、刀鞘（沒有刀，只有刀鞘），還有一些衣物。

中國公安說這個旅行袋是這三父子的。

為什麼？首先，第一個他說膠帶上有他們的指紋。第二，刀鞘上有他們的指紋。第三，衣物是屬於他們的衣物。所以可以把他們跟犯案現場連結起來，因為在犯案現場也發現了同款的膠帶。

然後呢，因為沒有找到刀，還加上一個人證。有一個計程車司機作證說，在案發前一天，曾經載著這兩兄弟去買西瓜刀。

檢察官串起來這一切，指控三父子犯了這個殺害五個人的犯行。

一審為什麼會無罪呢？

原因很簡單，首先，這起案件所有的所謂證物在哪裡？沒人知道。檢查官起訴的時候援用的證物是一張一張的照片。旅行袋不知道在哪裡，只有旅行袋的照片；刀鞘只有刀鞘的照片；膠帶只有膠帶的照片；指紋的比對沒有指紋的樣本，只有中國公安局做的指紋鑑定報告書。

最後，這三父子的衣物呢？沒有這些衣物，只有中國公安局做的氣味鑑定書。而這個氣味鑑定書的鑑定方法是叫幾條狗去聞這些衣服。

至於那個人證，說父子要去買西瓜刀的計程車司機，他的筆錄前後總共有兩份，第二份說是買西瓜刀，可是在第一份的筆錄裡面，他說是去買西瓜霜，一種中藥，嘴破的時候噴的。

我事後有去尋找、訪問這個當時一審審理案件的法官。

這個法官說他看過這三父子，也從照片裡看過所謂案發現場這些被害人的情況。這些被害人都是割喉，一刀斃命，非常精準。即使是受了專業殺手訓練的人，也不一定能做到。

法官看了這三父子，認為他們沒有任何一個人有可能是專業的殺手。並且所有的證據都是間接證據，在哪都不知道，都是一些照片、一些檔案，而且全部都是中國公安局所做出來的東西。

所以在一審的時候，法官就把這些間接證據排除，說這些證據不能用，判他們強盜殺人是無罪。

這個案子到了二、三審為什麼逆轉變有罪？變有罪的原因是什麼？

也很簡單。就是二、三審的法官，把這些證據都拿回來用，說都可以用，都是堅強的證據。

那最後最高法院說什麼呢？最高法院說，因為臺灣跟中國之間簽了一個兩岸司法互助協議，在這個協議下，中國公安做的鑑定書，在臺灣應該被認為有證據能力。所以所有的證據被吸納進來，這三父子就被判了死刑。爸爸在獄中生病過世，剩兩兄弟。

這案子從他們一開始喊冤的第一封信是我看的，後面所有的卷宗資料是我找的，然後幫他們整理、說他們的案子到底發生了什麼事的第一篇論述是我寫的。

二〇一四年「三一八運動」的焦點是臺灣跟中國的服貿協議，而這案子的癥結是臺灣跟中國的司法互助協議，兩者都是在ECFA架構下簽的。

所以在「三一八運動」的時候，包括這個案子的律師，還有成功大學的學者都寫報紙投書。律師還寫了一封信給當時的法務部長，叫做羅瑩雪，說如果要執行死刑，請不要執行這兩位，因為這兩位的案子有問題。

到了四月份，太陽花運動退場，林義雄先生絕食反核。民意的聲浪壓力累積到最大的時候，馬英九政府決定執行死刑，杜明雄、杜明郎這兩個人就在當時他們決定槍決的五人名單之內。

我還記得在執行死刑的那天下午，我們辦公室裡面一直不斷地要想辦法確認到底是誰被執行死刑，其中有沒有我們在救援的案件。最後確定真有的時候，我的同事——當時廢死聯盟執行長林欣怡——打電話給這兩兄弟的一位大哥，告訴他這個消息。電話那頭，他們大哥哭到不行。

這案子大概是這樣。這就是至今我參與公共事務感到最挫折的一件事情。在一個民主國家竟然可以發生這麼離譜的事。曾經被判過無罪的案子可以執行死刑。

這個案子的主要證據都是中國公安局所做的沒有科學依據的鑑定，那些證物到現在都不知道在哪裡；即便是被告說要自證清白、要做重新鑑定，都沒有證物可以鑑定。然後只因為簽了一個所謂的司法互助協議，就用比平常更低的標準，接納了這些證據，最後還可以執行死刑。

而這是一件發生不久的事，二〇一四年的事，距今還不到十年。

我說比平常更低的標準，是因為如果案件發生在臺灣，由臺灣的警察局偵辦，臺灣的警察局找到了旅行袋、膠帶這些東西之後去做了鑑定，然後把這些東西都搞丟了、不見了的話，那麼這些鑑定的證據效力也會被質疑。

如果由臺灣的警察辦案，找到這計程車司機來做筆錄，筆錄做完之後，這個計程車司機還需要在審判的時候，到法院接受檢察官跟律師的交互詰問。除非這個司機死了，或者是真的有不可抗力的因素，否則，警察局做的筆錄不會拿來當作證據。

但是在杜氏兄弟案裡面，那個翻供的計程車司機——先講買西瓜霜，隔天變西瓜刀的那個司機——從來沒有任何一次接受臺灣法院的詢問。我們法院發文到中國去，請他們傳喚這個司機，中國的回答是找不到這個人。所以我說審判這個案件的證據法則比臺灣自己辦的案件低很多。

今天司法互助協議還沒有被廢除，但是最高法院的標準已經改變了。

中國那些奇奇怪怪的東西、不知道可靠性夠不夠的東西，現在沒那麼容易進到臺灣的法院裡。現在最高法院認為，如果是來自中國的證據的話，至少要像臺灣警察自己做的證據一樣，經得起同等的檢驗，才能被採納為證據。如果杜氏兄弟他們是現在被審判的話，那他們被判無罪的機率非常高。

這是因為不斷地有很多學者投入倡議跟推動，有非常多的刑事訴訟法的學者都寫過關於杜氏兄弟案的文章。

我認為在民進黨政府執政之後，司法界的見解確實有變得更開放。我指的開放並不是因為執政黨不同而有影響，而是來自於現在年輕的法官、檢察官有更多的空間去表達他們的意見。

這是我覺得蠻大的一個改變。

但這都是後來的事。對杜氏兄弟來說，來不及的事情。

我從事公共服務的生涯，從二〇一二年擔任廢死聯盟志工算起，到今天已經超過十年。如果問我這十年裡感受到最大的挫折是什麼，就是這件事。

我相信他們是無辜的，但還是被執行死刑了。

我是要做好事，不是當好人

做社運工作的時候，我知道我們的議題都是社會上最艱難的、最有爭議性的，也知道我們是很少數的這一方。

譬如我講環境保護、居住正義，大家都會贊同，重點是怎麼做。可是當你講的是婚姻平權、同性婚姻呢？死刑存廢呢？那就不是大家都贊同了，可能有百分之五十到六十的人反對，他們就是不喜歡這個東西。

司法改革也一樣。當它還是抽象的標題時，大家都贊同，可是要走哪一個方向才是大家想像中的司法改革，爭議就比較大。

所以社運的經歷讓我有一個感觸：我們真的是必須盡百分之百的努力，冷靜的把我們該做的事做好。

我覺得這也和我對法律的認知有關係。因為在法庭上，情緒是沒有用的。在法庭上，你一定就是講法條、講法律，你情緒很高昂，或者情緒很低落，其實都不太會影響到結果。

在我們把該做的事做好的時候，心中一定要有大我、有大局。

我經常講，不是為了要讓自己看起來像聖人，不是為了要博取自己的好名聲，才來從事社運或從政。

我們是要把事做成才來這邊，所以重點在把事做成，重點在做好事，而不是當好人。

想通這一點之後，我們心中的情緒大概就會留給自己，因為我知道，我是要做好事，我不是要當好人。

回顧我的人生，雖然一直到現在都還是會有反對我的人酸我：「你臺大法律系，結果連律師都沒考上」之類的，但我覺得當初那個選擇是相對正確的。

至少我沒有讓自己陷在我其實沒那麼喜歡的事情裡面。

雖然是辛苦的，出去找工作一開始月收入只有三萬出頭，還要自己租房子住，跟同學相比好像成就也不是很好，可是慢慢地，在很多的機緣累積之下，我也走了一條自己覺得蠻有意義的路。

從我大學畢業二十二歲，一直到現在三十五歲，這一路走來，不會讓我覺得：

「天吶，一回首十幾年，我到底在幹嘛？」

如果再來一次的話，我還是會這樣選擇。

六　參政：臺灣沒有時間等我們變老

年輕世代的焦慮

二〇一五年前後，臺灣的社運風起雲湧，規模很大。在那之前蓄積的能量，吸引愈來愈多年輕人加入，直到爆發太陽花運動。我們也從單純的參與者，學習了怎麼組織動員。

但我從來沒想過以候選人的身分投入。

我第一次聽到關於選舉的事情，大概在我九歲的時候。有一天我爸開車在路上，我看到路邊有個看板，看板上有個人，有彭明敏的名字。我問他那是誰。

我爸說這個人要選總統，說我們要去投票。

那個時候的新聞，總在報導一些中共又要射飛彈啊，很危險啊什麼的。

我當時還不知道，那是臺灣歷史上很重要的事。但是從那時起，我知道大家投票選總統已經是一個常識了。

只不過沒想到才不過十幾年之後，我自己也會成為立法委員的候選人。

二〇一五年初有一天，一起在做社運的呂欣潔跟我說，范雲要找我們吃飯，有事想聽聽我的意見。

見面後，范雲說是要組社會民主黨，因為法律規定要提不分區立委名單的話，要提十席區域立委，所以他們要尋找十個人來參選。范雲說，她看我的理念相近，何不也來選一個區域立委。

我很驚訝。那時候我還在廢死聯盟，完全沒想過這件事情。當時春節放假，我正準備出國，跟她說回國再答覆。所以整個過年我都在想這件事，考慮了一個多月。

那時我二十七、八歲，對臺灣的未來有很多的焦慮。

我們已經看到青年世代的未來有非常多的困難，包括居住正義，包括低薪過勞這些環境，對於青年極度不利的事實。

然後包括我們的幼托，讓年輕人難以養育下一代。可是等到我們老了沒有下一代，我們的長照體系又幾乎很難讓人覺得信賴可靠的話，那怎麼辦呢？

如果一直都是單身，沒有小孩子，工作了一輩子也沒存到什麼錢，然後也沒有自己的房子的人呢？會不會租不到房子？會被房東趕走啊？然後萬一又生病了誰來照顧？或者是要怎麼照顧我們自己？

這是一個臺灣當時二十來歲的年輕人，如果他還有在關心這個社會的話，大概都會有的焦慮。

政黨輪替的酷刑

那該怎麼解決這些焦慮？當然大家會說需要一個有為的政府。好了，可是什麼叫做有為的政府？像我這樣解嚴之後出生的世代，或者比我更小的人，會直覺式地說，政黨輪替是一個民主的常態。

可是在臺灣，其實沒辦法進行正常的政黨輪替。因為以前是國民黨做得不好，換民進黨上台做；可是民進黨做得不好又下台，又換國民黨上台，結果國民黨又嘗試把臺灣賣掉。

這個就是薛西弗斯的神話。從山腳下推著大石頭上山又滾下來，推上去又滾下來，然後推一千年，這就是所謂的酷刑，臺灣人就是在承受這種政治上的酷刑，不斷地輪迴。

二〇一五年初，大家對次年的國會選舉也有很大焦慮。三一八佔領運動是臺灣人對國會不滿的總體表現，從民主轉型以來，國會議事不彰、問政品質不佳，最後以服貿協議為引爆點，更深沉的是大家對立法院長期的不滿。

我們做社會運動，在三一八時已經看見侷限性。現實狀況是，即使你呼喚五十萬人出來，但國會裡沒有人，法案就還是躺在那邊，無法移動寸步。並不是說換民進黨上台就可以移動，但你可以肯定地知道，如果還是國民黨，那你叫再多人上街都沒用，還是無法改變。那年輕人該怎麼辦？

在這麼強的民意下，如果二〇一六年大選我們國會還是沒有質變，這個結果等於告訴全臺灣的政治人物：「你在國會的表現不管有多差，在選舉制度的保護下，還是可以繼續穩穩地坐在你的位子上。」

這對臺灣民主整體的發展非常的不利，也是非常負面的示範，顯示我們的民主沒辦法有效地課責。

很多人說臺灣要超越統獨的爭議，可是你要如何超越呢？

如果我們臺灣每八年就會換一次黨派，親中政黨執政，你要怎麼超越統獨的爭議？

不行。

所以顯然臺灣需要一個健康正常的政黨政治，可以讓兩個以上國家認同一致、主權認同一致，都反對中國侵略的本土政黨，在內政議題上以不同的主張來辯論、競爭，像美國的民主黨跟共和黨一樣。

那這要怎麼發生？

另外一個有能力執政的本土政治團體，要怎麼才會出現？

它不會從天上掉下來。因為上天已經給臺灣一個臺灣海峽，對臺灣已經很好，不會再有從天而降，今天成立，明年就可以執政的團體。

沒有這種好事情。

所以一定要長期地去耕耘。

我參政的目標

齊澤克（Slavoj Žižek）引用過班雅明（Walter Benjamin）的一句話：「法西斯主義的每次興起，都證明了一個革命的失敗。」

我們社民黨號稱要做一個比較左的，不是超左，但至少中間偏左的政黨，我相信走得下去，但這個路線應該務實，不要「己願他力」，要求別人來實現你的願望。大家對你有期待，你要好好走下去，不然人家會覺得這個路線走不下去。

就像店面，連開三間店都倒了，大家就會覺得這店面有問題。我們這個世代的人對中間偏左有期待，如果失敗，大家就會開始質疑，如果接連失敗，這路線就被否定掉了，會開始覺得這在臺灣就行不通。

這樣的話，就糟糕了。

我對自己的期待是，能在政治工作者的位置上——不管這位置是哪個位置，我不喜歡說體制內外，因為內外很難分——至少是一個可以影響政府的，不管是影響立法還是影響行政的位置上，我可以發揮影響力，讓一些好的政策、好的法律可以盡量通過。

對我來說，所謂的好，就是可以讓人的生活變得更好的東西。這指的是一般人的生活，不是大老闆的生活。大老闆很會照顧自己，在世界每個角落都可以很好。我希望讓一般人、讓弱勢族群都可以更好。

我在我的位置、用我的影響力去推動，能夠推動愈多，就是一個愈理想的狀態。

沒有百分之百的完美，不是換一個總統就可以怎樣。

臺灣的現狀不是一天造成的，也不是一天能改變的。我們能追求的，只是逐步地改變。如果沒辦法實現目標，那就是換個方式去實現目標的時候。

我們國會的問題

我的參選宣言，全是我自己寫的。我要告訴大家我為什麼參選的時候，有句話浮現在我腦海：「臺灣已經沒有時間等我們變老。」

因為如果我們再繼續等待下去，現在的政治路線完全不改變，我們繼續向財團靠攏，我們稅制繼續不公，退休年金再不改革，勞動條件再不改善，最糟糕的是，如果當時的政府繼續向中國傾斜，再五年、十年，那我們就再也無力再扭轉這個局面了。

臺灣是很年輕的民主政體。而統獨這件事，在過去一直欠缺很重要的國會監督與公民參與。

在我們憲政架構之下，總統有權無責，所以總統在他的任期最後，總會在統獨上面有暴衝的行為。

陳水扁總統在任期最後被批評向基本教義派靠攏；馬總統情況更明顯，不只是向基本教義派靠攏，還要以他總統代表中華民國主權為臺灣的身分，直接到第三地去跟中國領導人互動，而所有國會的議員沒有一個人知道，連立法院長也都是已經決定了才知道。

陸委會隸屬行政院，應該對立法院負責，通航通商都得跟立法院報告，但是我們總統與對岸磋商這麼重大的事情，也是從一九四九年以來兩岸關係上最重大的一件事，竟然可以完全迴避國會的監督。如果有監督，那你出去做了違背民意授權的事，責任可以被追究。但是馬習會的情況，卻完全是馬總統自己決定。

從根底來講，這是政府的體制出了問題，到底要總統制，還是內閣制，這一點我們臺灣人還沒辦法決定。

在總統去之前，他要討論什麼議題，要以什麼身分稱呼，要以什麼方式見面，我們臺灣公民完全沒辦法參與，甚至連國會都不能監督。

統獨這樣的談法，只是依少數人的意志在談，但這件事情卻全臺灣人都受影響。

我們有獨步全球的半總統制，可以說跟法國很像，但法國總統還是要受國會監督，他沒辦法躲在總理後面；我們總統則完全躲在行政院長後面。

兩岸領導人往來，應該要法制化，像兩岸協議監督條例一樣，立法類似的規範，譬如，多久之前得向國會報告，出去磋商的紀錄要留下來，至少五年後要公開，不能永遠機密。回來之後也要報告。不然馬習閉門會誰曉得他們講了什麼，吃晚餐講了什麼。這些國會都應該積極監督。

馬習會的召開，傾向與中國統一的朋友可能很高興，認為很有進展；但不要忘了，馬習會能這樣猝不及防地召開，是因為我們憲政的缺陷，如果這個制度不改，以後我們有個獨派的總統，在他任期的最後，他也可能一樣猝不及防地走向急獨。

這件事情不是統跟獨哪個比較好的問題，而是我們怎麼決定這件事情的程序，本身就出了很大的問題。

我們的政治議程必須學習以憲政制度為基礎，在國會能監督、全民能參與的情況下，讓行政機關處理統獨有關議題的時候，不是少數幾個人的意志，就可以決定它的走向。這對臺灣整體政局的走向是非常重要的。

敗選之後如何保持自己的進化

二〇一六年，我在那次選舉沒有選上。

我們社民黨共同的困難，就是資金不足，沒法做大規模的宣傳。宣傳很重要，但負擔太重。

人力也一樣，社民黨是個新政黨，人力從零開始；還好我們有大量的熱血義工，其中有些人還沒選舉權，年紀小了一點，讓人感動。

雖然如此，我們另闢管道，譬如街頭肥皂箱、網路等等，辛苦歸辛苦，但因此更能經由選舉改變大家的想法，讓一些對政治極度冷漠的青年朋友，了解政治對他們未來的影響是何等的深遠。

再換個方向看，像以我為代表的社民黨候選人都拿到百分之十到百分之十二的選票。這表示說每八到十個人裡，就有一個人不受大黨的指揮來投票。這個比例顯示有一群獨立的選民是依照自己的喜好和理念價值來投票。在未來的政局裡，這樣的選民會形成一股關鍵力量。

參加選舉之前，我對於政治像是霧裡看花，也沒有很認真地想過政治到底是怎麼一回事。

選舉結束後，比以前看得稍微清楚，對於政治的想法也比較實際，用自己的親身經歷去感受了「政治過程的真實樣貌」。

我們不能把參政想像得像少年漫畫一樣熱血純真，但也不必認為政治必定臭不可聞。

其實政治的美好和醜陋的程度，就跟人性的美好和醜陋的程度一樣，人性可以多美好，政治就可以有多美好；人性有多醜陋，政治就可能有多醜陋。

所以大家不要對政治有太多想像，政治是由人組成的。大家對於新政治的諸多期待，有些是可以實現的，有些是不能實現的。在人性範圍之內的，都有實現的可能；但如果你期待的是聖人降臨，那就很難，因為你把他想像得太美好了。

我也深刻地體會到政治是個專業，選舉是個專業。如何讓我們從社運出身的人參政取得好成績，大幅地提升自己的政治能力很重要。

選舉必須認清自己的目標，那就是要爭取成為民選公職，去實現理想。

而民意所向、風向變化是很快的，突然發生一件事，改變大家的意向也有可能。現況很好，但可能明天後天發生什麼事，大家又失望，覺得都是假的。

重要的是，如何讓大家知道，政治是應該被關心的，也能夠讓大家對每個議題有更多深入認識的興趣。可能大家會意識到，這中間真的好多妥協，不見得是想像中美好的樣子，但起碼可以看到政治更清楚的樣子。

很多人現在已經不排斥將眼光投到政治和選舉上，但只是霧裡看花是不夠的。大家要看得愈來愈清楚，雖然不再抱著夢幻的想像，但願意繼續關心，這才會長久。

當國家不鼓勵平凡的年輕人參與政治時

我也發現，從選舉補助款、保證金，就可以看出我們國家有多麼不鼓勵平凡的年輕人參與政治。

例如參選臺北市長的保證金要兩百萬，臺北市有哪個青年可以不靠大黨拿出兩百萬？

有人說，繳這麼多錢才證明你想參選；可是這報名不就算數了嗎？

有人說，出來選、拿的選票不多，是浪費社會資源的行為；可是讓大家有多點選擇不好嗎？

今天的年輕人，不是特別有錢，不是政治世家的，有誰能早早結婚生子，還買好房子？沒有。我們這代青年就是租房子，沒什麼人在想結婚生小孩，平常工作很累，戶頭裡沒幾個錢。青年參政，真的會錢都用光還要負債。

法律規定，政治獻金不能發薪水給自己，捐款也不能發給自己，你在選舉這年，就只能吃自己。這是一個很大的問題。

所以我說：我們的國家根本就不鼓勵平凡的年輕人參與政治。沒有富爸爸，沒有願意捐錢的叔叔伯伯親戚，青年要參政實在是太難了。

因此，選後我對政治的想法很實際。

與其想未來怎麼樣，我還不如去想下個月或是下下個月怎麼樣。

你能不能持續地做好準備工作，持續地幫大家解決困擾，持續地去傳達你的理念？還有更庸俗的，你能募到多少錢？下次選舉你要請多少員工，有沒有辦法給薪水，而且讓他們薪水不擔心斷掉？你有沒有辦法與人一戰，而且選民可以合理地期待你可能會勝出？

我一切準備都是讓自己成為一個更好的、更有條件勝選的候選人。

不切實際的想法，只是徒增紛擾。很像剛學會打網球，就說要去溫布頓，不如專注在讓自己成為更好的選手。

需要解決的事情太多了，一步步把成績做出來，否則喊得再大聲，什麼事都沒做出來也沒有用。

就這樣，我去當了國會助理。

當國會助理的經驗

政二代或富二代沒選上，回去找爸爸就好了。可是像我，沒選上要去哪裡？去社民黨工作，還是沒有解決錢的問題。去募款，也是我去募款再發錢給我自己，何必。

這種情況之下，要繼續做政治工作，選擇並不多。民進黨的立法委員裡，顧立雄律師是我很久以前就認識的人，所以後來我選擇去當顧立雄的國會助理。

顧立雄律師是一個非常專業，也非常聰明的人；很多時候他也很樂意跟幕僚分享、交換他對各種議題的意見。所以我從顧律師那邊學到蠻多的，怎樣去看一個議題、分析一個題目，還有怎樣去協調不同意見，處理事情等等。

國會助理的生活有固定步調，星期一、三、四是委員會，星期二、五是院會，在會期的時候，有委員會就要去幫忙法案審議。

此外，我還要處理辦公室的陳情案，陳情人是很五花八門的，跟選民接觸，能了解問題在哪裡。

星期六、日是自己的時間。說是有週休二日，但是有社民黨的工作要做。其他有席次的政黨，席次就代表了發言權；一個沒有席次的政黨，該如何延續，讓更多人認識、更多人知道，就要自己去爭取。

所以平常日下班，我不時會以路過的方式，去找地方上的人聊天，維繫一下關係；也要跟志工保持聯絡、持續經營臉書。週末兩天，就去演講，準備節目內容。

二〇一六年 Yahoo TV 開了一系列政論節目，叫做「風向系列」，找了好幾位年輕世代的政治人物主持。我是每週做一集一個小時的節目，名稱就叫《阿苗帶風向》。

做那個節目也是一個很重要的訓練過程。當時我跟製作單位說，我不要那種五、六個來賓然後各自都只講一點的節目。我希望能做出一個比較有深度的節目。

每集題目，我都設定一個議題，先收集資料，然後安排好一小時之內我打算怎麼呈現這些資料，讓觀眾可以了解這些議題。有時候我一個人就講完這個題目，有時候找一位來賓，然後和他深入訪談。

在這個製作節目的過程裡，一開始有點生疏，到做了越來越多集比較熟練之後，發現這也是一個讓我學會怎樣去解說議題的重要過程。

二〇一六年立委選舉的時候，我只要思考選舉和社民黨；結束之後，當國會助理又主持節目那段時間，要思考的東西比以前更多。

但是也幸好有做國會助理跟主持節目的基礎，到二〇一七年終的時候，我才有能量再度參選臺北市議員。

七

我們一起前進一步：兩任市議員做的事情

重新出馬市議員選舉

二〇一七年，社民黨討論要怎麼布局地方選舉。當時臺北有六個議員選區，社民黨希望各區都有人參選。

在討論的過程裡，我覺得自己有一種責任。我是社民黨創黨黨員，代表社民黨選了一次文山南中正區的立委。雖然沒有當選，可是有百分之十二·五的得票率，已經是那一區有史以來非藍非綠候選人最高的得票紀錄。

雖然這是一個深藍選區，但既然我選擇了在這裡耕耘，我覺得有責任要持續在這個選區努力，為社民黨取得一席議員的席次。

臺灣的小黨過去都有個問題。很多人參選立委或議員，只要一次選輸了就離開了，或者不再從政，直接退出政壇。大黨本來就常說投給小黨沒有用，他選不上，你投給他會浪費票。這樣如果一次次投完票之後，小黨候選人沒有當選就真的消失不見，久而久之，選民就越發相信投給小黨沒有用。

所以我覺得有責任證明一件事情，就是一個沒有資源、沒有特別背景，然後也沒有特別跟大黨結合的小黨候選人，仍然可以憑自己持續紮實的努力，至少選上地方議員。社民黨創立也一段時間了，好歹應該選上一個地方議員。

所以我就跟黨內講，二〇一八年的議員選舉，我能力不多，其他選區我能幫忙的會盡力，但是要靠其他優秀的候選人來努力，而我給自己的任務就是：在大安文山區為社民黨選上一席議員。

選舉的過程裡，我堅持了沒有和大黨結合的原則。

那年有幾個不同的小黨都推出議員候選人，他們會跟一些市長候選人合作，同框同台。但是我在二〇一八年的選舉裡，有去站別人的台，卻沒有邀請任何一個市長候選人來幫我站台。

我覺得地方議員的選舉和立委選舉不一樣。立委選舉的話，小黨沒有跟大黨結合的話，基本上不可能贏，這是制度造成的客觀現實。但地方選舉本來就是多席次，這也是小黨最可能發揮的空間，所以我覺得應該做個嘗試，來證明這個路線是可行的。

就這樣，當那次選舉結束時，我得到一萬八千五百三十九票當選，成為社民黨有史以來，也是至今唯一當選的公職人員。

樹立一個新政治的標竿

在保守的大安文山區，一個沒有席次的政黨，又不是政二代，結果卻能夠當選，真是一件不容易的事。

當選晚上我發表的當選感言，充分說明我的心情。開場我除了感謝所有集體努力的夥伴，大致還講了這麼一段話：「今晚發生的好事，並不是苗博雅當選。而是因為苗博雅當選，樹立一個新政治的標竿。

新政治的價值是什麼？這次選舉，我們慢慢在找到這個答案。

苗博雅的選舉證明一件事：一個三十一歲的候選人，沒有大黨提名，經費只有區區兩三百萬，不願針對某些他一直堅持但大家不喜歡的價值作出妥協，常在有爭議的議題在社會上發酵時，站出來說話，而且他在選舉最後衝刺期，沒有尋求任何市長候選人的協助。

這樣的候選人，竟然可以在臺灣最保守的選區，得到選民的肯定。而且名次還蠻前面。我想，這可以為往後的打著新政治的青年參政設下新的標準：我們夠堅定，不投機，而且我們可以取得勝利。

未來，有任何候選人說『要為了選票妥協，我要先選上再做事』，大家就可以問他：苗博雅堅持理念都可以選上，你為什麼不可以？

今天大家共同打造新政治，我們一起證明不投機、不違法、不靠關係、不媚俗的選舉方式，也可以當選。」

最後，我在結語說：「對我來說，這是今晚發生最好的事情。過了今晚，更大的挑戰還在後面：我們找到新政治的選舉方式，但我們還沒有找到新政治問政的方式。

未來我們能不能繼續我們相信的價值？能不能把價值帶進保守的臺北市議會，把主張的價值往前推進？這是很嚴峻的挑戰。」

從「理想主義者」到「務實的理想主義者」

實際進入議會，經過了將近五年議員的歷練之後，我更深刻地體會到社運跟政治的差異，以及什麼叫做日常的政治。

我在這段時間裡提案刪除市府浮濫編列的預算高達四十七億五千八百萬元，以小黨議員之姿成功推動《臺北市網路外送平台管理自治條例》、《臺北市淨零碳排自治條例》立法。做了超過五百件里鄰環境及地方交通建設，做了超過五千件服務選民陳情的案子。以前講的都是理論，但是有了這些年實務工作經驗之後，讓我對於何謂政治有更多的切身理解，包括何謂地方政治，以及人民所期待的到底是什麼。

社運和政治雖然有共同點，都要告訴人家，你的方向和你的願景是什麼。但兩者有很大的不同。

社運，你很像是一個先驅。你是一個走在大家前面一百步的人。你走在最前面，看到一個絕美的風景，然後大聲呼籲大家快跟上我吧，快來這邊吧，快來這個美好之地。但是後面的人狀況很多。有些人累了；有些人不想走那麼快；有些人壓根聽不到你說什麼，因為你距離他太遠了。

那政治呢？

你是導遊。你走在一百個人前面一步，就那麼一步。然後你告訴大家說：「哎，我走在前面一步哦，這邊真的很不錯，這邊很安全，這邊一點都不危險，所以我邀請大家全部跟我一起踏出這一步。」然後再往前走一步，然後再邀請大家一起又踏下一步。

我覺得政治和社運的差異就是在這裡。

社運像是宗教裡的先知角色，他經常是孤獨的，因為大家聽不懂他講什麼。可是《聖經》裡面經常用牧羊人來比喻耶穌，他跟所有的羊生活在一起，身上沾染了羊所有的氣味，讓這個羊認識他，進而這羊就願意跟隨他了。

所以政治工作考驗的就是你和大家共同生活在一起的感受，要求我們不要扮先知，而是跟民眾生活在一起，讓民眾對我們產生信賴感，從而說服民眾跟我們踏出那一步。

我們每個人生活環境都很有限，看到的都是我們自己以及周邊朋友的想法。可是兩屆民代生涯讓我接觸的層面非常廣泛。我每一次去市場，都要跟一千個人以上握手打招呼，然後每次去地方社團的聚會，動輒數十人上百人，和每一個人打招呼，和大家有機會講講話。

所以在當市議員的過程當中，我真正能夠體會所謂跟羊群生活在一起是怎麼回事，更真切地瞭解目前民眾認為迫切的問題之所在，也透過非常勤懇的溝通，讓民眾對我們從事政治工作的人建立信任感。

這也讓我更清楚地看到，在社會上不同的團體，不同的族群之間有不同的需求，而這中間可能彼此有衝突。我們怎樣在這些彼此衝突當中找到一個平衡點，人人都雖不滿意但能接受，就是政治當中經常發生的日常。

不斷在歷練的是「讓改變真的發生」

在議員生涯的歷練裡，我還瞭解到該如何「讓改變發生」（Make Change Happen）。

在還沒進議會之前，我主張的是要改變。但是進來議會之後，我不斷在歷練的是讓改變真的發生。

在還沒進議會之前，我是理想主義者。但是進來之後發現，理想主義者只能夠說要改變，而務實的理想主義者才能讓改變發生。

所以對現在競選立法委員的我來說，我不會認為主張要改變就夠了。競選立委的人，不管是執政黨、在野黨還是無黨，都應該告訴民眾：你可以如何讓改變發生。

不然，你說別人做不好換你來做，那問題是為什麼是換你呢？難道是時間到了就該換你嗎？

你應該告訴大家為什麼是你，而這個「為什麼是你」絕對不是憑空冒出來的，不是只因為你很有理想就一定是你。因為理想必須透過實際作為來驗證。

因此我要求自己的定位是：我要做一個務實的理想主義者。

理想主義像是要求你做一個好人，但是做政治工作我們是要做好事，而不是做好人。而成為一個務實的理想主義者，未必會受人喜歡，也未必會獲得最多個人的肯定，因為你一定會被質疑說你是不是做了什麼妥協，是不是妥協了太多。

我在臺北市議會就看到，有些人在還沒進來前很有理想性，進來之後，馬上就跟選區的選票做了極大的妥協，轉了一百八十度。這就是沒有站好，沒有拿捏好。我不是說一定就是不好，但他可能沒有拿捏好那個分寸，也就是說，誰跟你講了什麼，你就馬上被他帶走。

但是何謂妥協太多，這件事情還是必須身在其中的人才能瞭解。而我務實的理想主義者的目標就是，儘可能妥協的最少，然後讓改變發生。

大彎北段：被選區帶走失去原則的情況

我舉個叫做「大彎北段」的案子來說明。簡而言之，它土地使用上是商業區、娛樂專區，可是在上面蓋了非常多住宅。商業區不能做住宅使用，所以建商就以大約當時市價的七折便宜賣。很多人貪便宜，買了這個在法律上不能當住宅使用的「商業宅」，住進去之後就變成違規使用。

有人說這個商業宅是歷史共業。確實也沒錯。反正就是市府放任，明明知道這些建商都要蓋住宅，卻睜一隻眼閉一隻眼，不取締也不做任何事，結果就衍生了一大群聚落，然後大家都把戶籍遷進去。

柯文哲任內，他一開始是說，不會就地合法。他講得對，如果商業宅可以就地合法，那以後土地使用分區就不要搞了。反正建商只要把房子賣了，人都住進來了，基於選票壓力就立刻就地合法，那何必還要都市計畫？所以他說不能就地合法。

他開始開罰單，按違規使用罰你繳幾萬塊；然後他推動一個辦法，戶政事務所如果發現有人要把戶籍遷進商業宅的話，要發一張通知書給他，提醒他現在要遷進去的地方不能做住宅使用。為什麼要提醒他？因為太多人在被罰的時候會說，「我又不知道，所以政府不可以罰我。」

柯文哲剛開始做的這兩件事，我認為是正確的。因為你房子買便宜了是事實，現在不甘心把房子賣掉，要繼續住在這邊，那要繳幾萬塊罰款也合理。而為了避免大家主張不知者無罪，所以提醒他也是對的。

可是到後來柯文哲第二任的時候，因為那邊住了太多人，選票壓力真的很大，所以他做了一個妥協。

柯文哲說他更改都市計畫，要正式把商業區改回住宅區，改了之後他們就合法了。但是商業區改住宅區，必須繳回饋金。也就是說：你當初房子買七折，現在我幫你正式變住宅區，你房子就地合法之後會水漲船高，所以要繳一筆回饋金。

柯文哲定了回饋金一坪五萬元。這一坪五萬元是偏低。所以案子送去內政部之後，內政部說臺北市定的回饋金太低有問題，要重新定，因此案子到現在還在內政部，沒有通過。到了這屆議會，一位民眾黨議員一上任，就提了一個針對大彎北段的案子。她的訴求是：首先，希望市府趕快叫內政部通過大彎北段的變更方案。第二，大彎北段已經開出的罰單，應重新檢討裁罰之必要性。第三，有人遷戶籍進去的時候，不要再發那個提醒是商業宅的通知書。

在我看來，這是什麼呢？

民眾黨選前說白色力量多清新，說柯文哲有多好，黃珊珊有多棒，一定有理想性。然而，一個議員才剛選上就立刻打臉，主張已經開立的罰單「應重新檢討裁罰之必要性」。這是什麼意思？這不就是要透過議會的決議來消罰單嗎？

我知道這位議員為什麼會這樣提，她的票倉應該在那裡，因為選民來請託，所以她要有所表現。但這實在是太過頭了。

柯文哲原先說不能就地合法，結果卻轉彎成就地合法。現在柯文哲市長開的罰單，柯文哲主席的黨員當上議員就公然在議會裡主張要重新檢討，要通過決議取銷罰單。這沒道理。

商業宅的問題，都已經幫他就地合法了，難道還要再連罰單都不用繳嗎？何況，繳了之後，未來的回饋金還可以扣抵。假設你五十坪，每坪五萬，要繳二百五十萬元回饋金；先前罰單如果已經繳了二十萬元，那你就可以在二百五十萬元裡扣抵罰單的二十萬。

我覺得很難接受這個提案。民眾黨議員怎麼會提這種案子呢？這也未免妥協得太快太激烈了吧。

但是，議會裡有一個議事的默契和慣例，就是議員之間彼此不反對別人提出的案子。因為今天我反對你，明天你也反對我，大家反對來反對去，提的案子就通通都不會過，都被擱置。於是議員之間就有了這樣的默契和慣例。

輪到我發言的時候表達了幾點：要去跟內政部溝通，請他們趕快通過這一點，我不反對，就趕快做。可是，議會通過消罰單，我不贊同。這等於由我們六十一個議員來通過消罰單。這能看嗎？

最後，告知單的部分，民眾有知的權利。你不提醒他這不能做住宅使用，如果他又回過頭來主張不知者無罪，他是被騙的呢？

我這樣做，是冒上一些政治風險的。因為這等於跟人家對幹，或許哪天他也會反對我的案子。

但後來發生的事非常有趣。在我發言完之後，下一個起來發言的是國民黨議員秦慧珠。我心裡正想她這下會說些什麼的時候，秦慧珠一站起來就說，苗議員剛才講的我都非常贊同。

有的時候政治就是如此。在一些議題上如果我們講的東西是真有道理，影響力就可以跨越黨派。

學習說服跨黨派的人，是小黨重要的功課

市議會和立法院有一點不一樣。立委是單一選區，一個選區只能選出一個人，所以政黨間界限很清楚，對立很激烈。市議會是一個選區多席次。因為大家在搶同一個區塊的票，同一政黨之間的關係搞不好比不同政黨之間還要緊張。所以在市議會裡面，黨派之間雖然還是有界限，但相對模糊。很多時候，政治就是人的

工作。

我們講道理，但同時也要去體察別人的道理。我講我的道理，但也要讓你好做事，這樣我的主張才會實現。

像那位民眾黨議員提的大彎北段案子，後來的情況是，我提出說哪些段落要刪掉之後，議長就說好，他認為我的意見是對的。但議長也把我的主張跟那個原來提案做了一個折中，說不然刪成這樣好不好，看大家同不同意。

我馬上說謝謝議長，我接受。因為我最在意的那一點，要取消罰單那一點議長已經幫我刪掉了，剩下的他要留面子給那個提案的議員。

可是新進來的民眾黨議員，她還沒有體察到這中間的醍醐味，還在那邊說不行，不能刪掉，要繼續爭取。結果搞到本來有連署她提案的國民黨議員都站起來。她越爭取，站出來反對這提案的議員就越多，一個一個都出來了。

後來議長就講了一句很關鍵的話，他就說，「那這樣子好了，我們現在呢，要麼拿掉這些段落之後通過你的提案，要麼我們就繼續擱置這個案子。」提案的議員聽了之後就說：好吧，那就修改吧。

所以，市議員的歷練對我當立委會有什麼幫助？我覺得就是學習到如何去爭取不同意見者的支持，如何去爭取跨黨派的支持。

其實市政上的議題，經常需要跨黨派的支持。我們推動了臺北市的《淨零碳排自治條例》，淨零碳排是國家重要政策，臺北市這個提案是我提的，也是跨黨派聯署來推動。

我們這個會期還提了 iRent 跟 YouBike 大規模幾十萬筆客戶個資外洩的事件；他們幾乎什麼都不用賠，所以我就提了《共享運具自治條例》的修法案，要求加重企業經營者外洩個資的罰則。這也是跨黨派的議員幫我聯署。

對小黨來說，學習說服跨黨派的人，是重要的功課。

另一個黨際競爭又合作案例：雙城論壇

黨際之間既競爭又可以合作的案例還可以談一個。

柯文哲想要辦臺北上海雙城論壇。應該是二〇二一年的時候，我就在議會裡提案要刪除雙城論壇這筆預算。

當然市府不同意，進入政黨協商。進入政黨協商時，因為藍營也不同意刪除，所以後來我們就討論加一個但書：「本項預算如用於舉辦台北上海雙城論壇，若舉辦前共機、共艦持續擾台，兩岸氛圍不佳，則本預算不得動支。」

大家字斟句酌，每個人都有意見，不過也沒關係，總之就是設一個但書：「要辦可以，那共機共艦不要來才可以辦，如果共機共艦還是擾臺，就不能辦。」

這個政黨協商的結論，各黨都可以接受。決議後來就在議會通過。政黨之間既競爭又合作的關係，我在臺北市議會裡的經驗是可能的。

當然，到了中央，和地方議會會有不同。中央的政治對抗性會更強，媒體也會更聚焦更注目。但至少我到現在的經驗跟感受是：政治畢竟還是人與人的工作，怎麼維持這種人與人之間的互信，是我一直很努力在做的事情。

其他同事，有些人可能真的是立場跟我接近，有些人真的是想跟我比較遠，但是我覺得都要儘量做到一件事情：我不會去跟我合作的人背後捅他一刀。我覺得有這種互信很重要。

當然政治攻防是難免的，一定會攻防，只是不要把政治攻防看成是個人的事，成了私人恩怨。

我覺得這也是個實驗吧，那就實驗看看這條路能走多遠。

再一個監督柯文哲的例子

有一個居住正義的話題。

大家應該看過一個新聞，就是明倫社宅每個月房租要四萬元，引起輿論嘩然。

大家驚訝的是：如果我一個月可以出得起四萬元租房子，那還需要租社宅嗎？我在市場上租就好了啊。從這裡開始引發一個爭論，說臺北市社宅是不是太貴的這個問題。

柯文哲說他反對社宅太便宜，有兩個理由。第一，社宅數量還很少，如果很便宜，抽到的人就好像中樂透。但是我不同意他這個邏輯，他好像反對讓弱勢的民眾太開心。這是很奇怪的邏輯。

第二個理由是財務上的。他說社宅要蓋好，不能債留子孫。簡單說，就是要符合社宅成本，不能政府虧錢作社宅。

這個邏輯，我也不同意。為什麼？

第一，我認為社會住宅是社會安全網的一部分。它不是公營事業，不是瓦斯水電，你用多少我按時跟你收賬單，然後基本上我便宜賣你，但不要虧錢。而且即便是瓦斯水電，也有補貼。所以社宅有補貼這件事情應該是合理的，因為是社會安全網。

從社會安全網的觀點來看，你給中低收入戶發的補助還要計較每一分錢是否可以都收回來嗎？所以我認為社宅有補貼這件事情是合理的。不要把社宅的補貼說成債留子孫，因為這是社會安全網。

第二，社宅的成本真的是核實計算了嗎？這是實務上最大的問號。因為經過我們研究，臺北市在柯市府時期的社宅成本公式裡，有計算一項成本叫做房屋稅、地價稅。把房屋稅、地價稅放到社宅的成本裡面，佔比高達社宅總成本的四分之一。也就是說，每四塊錢社宅成本裡，有一塊錢是房屋稅、地價稅。

我覺得把房屋稅、地價稅納入社宅成本計算是不合理的。這又有兩個理由。第一個是，中央早就修法，社會住宅免收房屋稅、地價稅。都已經免收了，還把它算到成本裡面，這不就是市面上經常看到的惡質房東嗎？

這一點，我在議會裡有四、五次質詢柯文哲跟市府。柯文哲的理由是，中央設的免稅附有落日條款。萬一屆時沒有延長，那就又要收稅了。他說是因為怕未來又要恢復徵收房屋稅、地價稅，所以先算進來。

想想看，如果你遇到一個房東，他現在明明就沒有在繳出租房屋的稅，可是他跟你說，「我要漲房租哦，因為未來國稅局可能會來查我的稅，所以我要先跟你漲房租。」這不是惡質房東的說辭嗎？

所以我說，中央的這個政策是很明確的啊。明明現在免收，為什麼現在卻要算計呢？如果未來有變卦的話，可以未來再處理啊。這是第一點。

第二點，我說，即使未來又要收房屋稅、地價稅，這房屋稅、地價稅其實是地方稅，是臺北市政府在收的。所以就算退一萬步退到太平洋，未來真的又要收房屋稅、地價稅的話，那也是臺北市的住宅基金繳納房屋稅跟地價稅給臺北市的財政局。

這是什麼意思呢？意思是未來就算要繳稅也是繳給你自己。你的錢從左口袋拿到右口袋，都在你口袋，都在臺北市裡面。

所以到最後真正的結果是什麼呢？真正的結果就是臺北市的社會住宅為臺北市創造了四百多億的稅收，都是從租客的口袋裡收進來的租金。所以明倫社宅四萬塊租金裡面有一萬塊是儲備給未來不知道到底要不要交給臺北市自己的稅金。這顯然不合理。全臺北市社會住宅計畫五十五年總成本大概一千六百零五億元，大概四分之一，四百三十七億是房屋稅、地價稅。

照我前面講的這些理路來看的話，房屋稅、地價稅根本就應該免計入成本，而事實上全國二十二縣市裡面有在蓋社宅的縣市，只有臺北市把房屋稅、地價稅計入成本，六都裡沒有其他任何一都是把這個東西放到成本裡面。

我在議會裡面質詢柯文哲好幾次，他都跟我說，這個題目可以來辯論，也就是他不同意我的意見。

後來我就換了一個方式。我在議會審理預算的過程裡，提出一個附帶決議：一、住宅法已於一一〇年六月修法延長社會住宅地價稅及房屋稅免稅優惠。市府應將地價稅及房屋稅排除於社會住宅成本之外，核實評估社會住宅財務成本，並重新檢討現行租金結構，以利弱勢民眾可負擔。二、市府計算社宅成本應重新核實列入項目，另外租金計算應以民眾可負擔原則計算。

市政府應該要重新調整社會住宅成本計算的公式，把房屋稅、地價稅排除於成本之外，然後重新計算合理的成本跟租金。

我提出之後，經過政黨協商，各個政黨都同意這一條。因為我前面已經質詢了好幾次，也透過質詢的過程把這件事情的來龍去脈講清楚。議會裡面各個同事的政黨立場不一樣沒關係，可是從道理上來說，我講的是對的。所以大家不同黨派也合作通過了這樣一個決議。過去臺北市社會住宅只能做到市價的八折。但是重新計算成本之後，可以做到市價的六折。

對社宅政策的監督

柯文哲的長處就是他很會講群眾聽了覺得很爽的話。今年「七一六」活動那天，他講居住正義的時候，說要大力蓋、大力補貼的部分，很多人聽得很爽。但說到大力蓋，柯文哲在他任內原本開的支票是八年五萬戶。我還記得當時新聞畫面，連勝文質疑說八年不可能做到五萬戶，是芭樂票。柯文哲開了一個記者會，拿出一疊紙說地他都找好了啊，Google 就有了，一定蓋得出來。

實際呢?當然沒有達成。

柯文哲直到他卸任前，臺北市八年裡真正蓋好可以住的社宅是六千兩百戶。

這六千兩百戶當中有兩百戶是郝龍斌卸任前就蓋好的，所以在柯文哲任內實際落成了大概六千戶。六千戶裡又有三千戶是郝龍斌規劃的，在他手中落成。所以剩下的三千戶才是柯文哲自己規劃又落成的。另外，柯文哲時期還規劃、發包了七千戶，要到蔣萬安任內才會落成。

所以，郝龍斌八年、柯文哲八年、再加蔣萬安四年，合起來二十年，臺北市自建社宅總共會落成大約一萬四千戶。

如果再把都更的時候建商去蓋，然後分回來當社會住宅的五千戶也加進來的話，總共大約兩萬戶。二十年裡全部才兩萬戶，和柯文哲說的八年要蓋五萬戶，差距有多大，大家可以自己算一算。柯文哲到底有沒有大力蓋，大家可以自己想一想。

到柯文哲第二任的時候，大家直接提出了質疑：你不是講過八年五萬戶嗎？現在進度怎麼落後了這麼多？

那柯文哲怎麼說呢？

他在第二任的公開回答是：經過這麼多年的實驗，他知道每個社宅要規劃、發包、監工，有一大堆的事情，給都發局造成很大的負擔，所以未來臺北市就是要維持每年同時一萬戶在施工。

請注意：不是每年落成一萬戶，也不是每年開工一萬戶，是每年一萬戶在施工。所以可能是以每年落成一千戶、兩千戶的速度在增加。

如果每年只落成一千戶、兩千戶，那請問要達到五萬戶的目標，還要多久？大家請再自己算一算。柯文哲說社宅要大力蓋到底是不是真的大力蓋，他自己最清楚。

社宅的施工的確有很多實務上的困難，但是以臺北市這個全臺灣資源最多的地方來說，如果每年最多也只能同時施工一萬戶的話，那真的是令人無言。

「七一六」那天有一個訴求我非常支持，叫「輪候制」（waiting list）。就是社宅不要再用抽籤的，改用排序等候來看何時輪到你。

用抽籤制，每個人都不知道這個社宅蓋好了之後自己抽不抽得到，所以抽籤會讓很多人覺得和自己無關。即使是想住社宅，支持社宅的人，也覺得我抽不到，這和我無關，所以不會打電話給反對社宅的議員，說這蓋出來是要給我住的，你為什麼要反對？

所有議員只會接到反對的電話。因為反對的聲音是很明確的，我就是不想要在我家旁邊有社宅。議員知道反對者就在他的選區，是他的選民，就會跟著反對社宅。總之，在抽籤制底下，反對的聲浪會很大，支持的聲量卻發出不來。

所以世界各國另有一個叫輪候制，也可以把它稱為排隊制，就是符合資格的人都去登記，然後大家排隊等。登記的時候，政府可以有一些加權計分，比如說你是經濟弱勢，你有社會弱勢的條件，那加權計分就可以排在前面。如果說大家加權計分的等級都一樣，那就按照先來後到排。輪到你了就打給你。

這種排隊制的好處是，它可以凸顯現在到底有多少人在等待社宅。如果臺北市有兩萬戶人家在排社宅，我相信那些反對社宅的人講話就不敢再這麼大聲了。因為有兩萬戶的人真的在等了。這個時候如果有一個社宅計畫卡關，被阻擋了，那排在前面的人自然會發聲，說：「哎，這是我要住的，你怎麼阻攔？」

這個輪候制的辦法，上一屆在議會裡就有議員提出質詢過，那時候柯文哲就說他會研議，可是研議到他卸任都沒有實施。然後「七一六」他又跑去現場說支持大家訴求輪候制。你支持，那為什麼在當臺北市長的時候不做？

八　孤獨十一講

魔戒

臺灣選民十分重視候選人的「人格特質」。成為候選人，不但要熟悉所屬政黨、政團所提出的所有政策，更要透過自己的言談、文字、動作、表情，在每一次掃街、對談、演講、握手、眼神交接時，將價值、理念、政策「具體化」，讓選民能直接有感。

所以候選人跟藝人，固然都是公眾人物而有很多共通點，但還是有根本的不同。藝人可以說，私人生活跟演藝生活是分開的，不影響演技或是唱功。可是候選人的私人生活與政治生活卻是分不開的。光是一個候選人的穿著就會影響別人覺得他是否夠格當個代議士。

我在社運工作的時候，出門去樓下便利商店買東西，穿短褲拖鞋沒問題，即使有人認出來，也不會對我支持的議題造成影響。

但如果是一個候選人，這件事就不能做。我自從參選後，再也沒有穿過短褲拖鞋出門。

我們常常看到，很多政治人物最後都會放不下權力，有人會比喻說像是「魔戒」。

參與選舉後我能夠理解這些人的心情，那是因為在拿到權力的過程，你要付出的實在太多了，消磨掉太多東西。到後來對有些人來講，那就是僅剩的東西了，怎麼可能要他全部放棄。

如果說一般的工作是付出你的勞力跟時間，政治工作不只是把勞力跟時間賣掉，還要把你整個人賣掉。就身心的感受來講，不見得比過勞的勞工好到哪裡去。

你講的話不只是你講的話，會被非常有創意地做各種解讀。你講的每一句話都可能會有某種政治效果。

我的臉書帳號其實已經不是我的了，他現在是「苗博雅」的，不是「我」的。任何一個人都可以宣稱有資格來檢驗我全方位的事情，我並不能去畫一條線說，「到這裡而已，不能進入我的私人領域。」

大家對候選人的想像，不只是看你做什麼，說什麼。你的人格，你的個性，你的穿著品味，都沒辦法拒絕被評論或是被檢驗。

因為不管你講的東西合不合理，這種拒絕，就是在跟大家畫下決裂的線。每個人都對你姓名背後的人有他自己的想像，你都得接受。

那真正的我在什麼時候表現？會被收縮到非常非常小。

人們說馬英九第二任時期的用人，縮限在某個小圈圈，蔡英文用人也是小圈圈。當過候選人之後我可以體會，對人的信任空間會愈縮愈小。

每個人的個別經歷可能不同，但我可以體會那種感覺。所以選舉期間，有時候接受訪問，對方問可不可以錄音，我都會說有錄音太好了，這樣對雙方都好。

「忍」與「韌」

沒有背景的青年要參政，必須要會「忍」。忍耐的忍，忍術的忍。

禁得起批評是一定的，還會有很多超過限度的、根本不算是批評的東西，也要忍。

你必須經得起挫折，忍之外，還要「韌」，要有堅韌度。

在過程中，絕對不要忘記你做這件事的意義是什麼。因為政治工作沒有地圖，沒人跟你說怎麼走就可以怎麼樣。

記得你要做的事情的意義，至少知道目標在那裡，這樣做出的選擇，會讓你離目標更靠近。如果忘記意義的話，你就什麼事都做得出來，會很危險。

經過這些年議會問政經驗，還有看臺灣第三勢力的政治的發展，我覺得在政治上面，所謂的耐煩、戒急用忍，還有韌性越發重要。

政治畢竟是人的活動，是人與人之間互動的事，並不是熱血地往某個地方出發，像是桃太郎跟他的快樂夥伴那樣。每個人有每個人的觀點跟考量，如果讓這些不同觀點考量的人，一起來為同一個目標合作，需要很多溝通，這些都不是最初投入的時候想得到的。

現在來看臺灣的政治發展，你會發現許多曾經意氣風發的人，最後出現波折，其實都是因為在一些題目上面操之過急，或是躁進，導致與自己原本支持者的切割。

這個切割不見得是理念的不同。精確一點講應該是：選民在看一個人是不是值得託付的時候，是看非常多面向的。

一開始還不認識你的時候，選民可能先看你學經歷；知道你之後，開始看你的主張；但是在最關鍵、分勝負的時候，人家看的是你處理事情的做法，還有實際接觸的經驗，然後決定你是不是一個可信賴的人。

我覺得很多民眾在做選擇的時候，其實是一層一層這樣子篩選跟過濾下來的。

回到德國社會學家韋伯（Max Weber）說的一句話。他曾經在《政治作為一種志業》（Politik als Beruf）裡面提到，政治家需要有三個條件：一是熱情，二是判斷力，三是責任感。

我講的「忍」與「韌」，其實就是判斷力跟責任感。

判斷力是說，你知道自己該衝的時候要衝，但當忍的時候要忍。有這種判斷力才是政治的專業所在。

責任感，也就是你的韌性，同樣可以看韋伯在《政治作為一種志業》最後一段所說的：「即使這個世界庸俗到了不值得獻身的程度，仍然可以坦然地面對它並說：『即使如此，沒關係』。」這就是韌性，這才是一個政治家。

有足夠的韌性，當你面對所有挫敗的時候，才能堅持下去；因為你有一份責任；我既然接受了大家的託付，就必須盡我所能，把大家託付的事情做到。

在政治上面，你要得到人的信賴，熱情是最開始的入門而已，但是做得好要靠判斷力；要做得久、走得遠要靠責任感。

孤獨

政治有太多「你如果要成事，就不能張揚」的事情。這不是說你要在枱面下幹壞事，是你要推動一些好事情的時候也是如此。

枱面上呈現的往往都是政治的攻防，但是攻防是雙方，甚至三方或多方之間各自選擇對自己最有利的詮釋。所以在這樣子的交叉詮釋之下，所謂的攻防跟事實必然有距離。另外，也有很多在枱面下的思考，一些很掙扎、很艱難的部分，事後再講也是沒有意義，沒有用。

所以有很多事情真的是叫做「不足為外人道」，而且這個外人可能是你身邊最密切的人。即使是家人、夥伴，也都還是外人。

我不知道蔡英文會不會在房間裡跟貓說話，是不是要回到房間，只剩下她跟她的貓的時候，才有那個「自我」的空間？我沒有養貓，最後只能跟自己對話。

選舉期間你很難判斷誰可以信任，而且這個人的判斷力還要是好的，所以最終只能相信自己。這是很疲憊的事。

雖然說這也跟臺灣的政治生態有關，但國外同樣不是愛與信任的政治。我會想到《紙牌屋》（House of Cards），主角真的信任了誰？劇情的高潮，是他最信任的人跟他對幹，那是很孤獨的。雖然那是很戲劇化、很極端的呈現，但還是可以參考看看。

做政治，要耐得住孤獨感。

即使有一天，只有你了解自己的理想；即使有一天，外界的人全都誤會你，你可能還是要耐得住性子說：「我還是願意承擔這一切。」

這是很難的功夫。我不敢說自己已經完全能夠掌握。歷史上的政治家，很少有人寫回憶錄。即使寫，也多會有所保留。因為有些事情就算成了，真正成的原因也是帶到棺材裡比較好。不成的事，當然也是。這是我們這個行業的特性。

如果我們看領導者，就說臺灣的例子好了，後世評價比較高的總統其實話都不多。

李登輝前總統著作非常多，可是他對外發言都非常謹慎，即使是一些當時大家懷疑是暴走的話，比如說，他說：「中共再大，也沒有我爸爸大。」那都是他想過的，不是他隨性發揮的。

再來我們看蔡英文總統，有些人說：「她怎麼只會讀稿？」但你看她以前在當陸委會主委、行政院副院長的時候，在立法院裡面答詢的言辭也很犀利，可是為什麼做了總統之後言辭就不犀利呢？因為她必須收斂起這些鋒芒，即便外界的人再怎麼講她，她也只能夠選擇幾樣她真心在意的政策，然後往前走。

她沒辦法為自己每天開記者會，駁斥外界的各種說法。但這其實正是她成功的地方。她很專注地把施政的力氣放在幾個主力要推動的地方。李前總統也是一樣。

話講多了常常就出問題，馬英九就是這樣，經常想要讓大家了解他多麼了不起，他如何如何。到了第二屆的時候，還說要用黨紀把一個立法院院長換掉。這就是非常不甘寂寞。

政治家要耐得住寂寞。

壓力

二〇一五年選戰進入白熱化的時候，壓力隨之愈來愈大。

我自己沒有敏銳地意識到，到了九月、十月壓力已經很緊繃，然後十月初跟伴侶分手。

那段時間對我個人是很大的打擊。

但這也是我們的工作微妙之處。不管你個人經歷了什麼，外表看起來就是要一切如常。很像藝人，到片場就是要好好演戲。只是我的片場是全方位的，整個城市都是我的片場。

我的個性一向是，可以自己處理的事就自己處理，很少請別人幫忙，也不會心情不好找朋友抱怨。從小就這樣，不知道是覺得不應該，還是不需要，總之我就不想麻煩人家。

經歷那些之後我覺得，愈是位高權重的政治人物，愈該鼓勵他們去做心理諮商。對政治人物來說，很難任意地跟朋友聊天，這太危險了。有心理諮商，讓他們可以適當地抒發，我們國家會更健康。

大家看政治人物看久了，會覺得都有點假假的。這不意外，如果他想呈現真實的一面，這對他有好處嗎？大家可以接受政治人物臭著臉出席活動嗎？我們不喜歡看到政治人物真實的樣子，所以他們一定會搬演一套理想的樣子給你看。

到現在二〇二三年，我又有一些新的體悟。

首先，我承認自己有情緒。接納自己的情緒還蠻重要的。以我自己的經驗來講，我要能察覺到「原來這些事情有讓我生氣，我現在真的覺得壓力很大。」這對政治人物來說格外重要，因為我們要先接納自己是個平凡人，才不會有太多不切實際的期待。

第二點就是，我覺得適時離開一下社群網路也是有幫助的。現在社群網路是非常重要的溝通管道，很多政治人物會很用心地跟大家去做互動，甚至連向來不用智慧型手機的王世堅議員現在都用智慧型手機，也知道這個多麼重要。王世堅以前會說：那些罵他的網軍他從來不看，因為他只有智障型手機，沒有智慧型手機，他看不到。可是現在他用智慧型手機，他也都看得到了。

對於我們這種手機不離身，經常在社群上面跟大家互動的人，可想而知的是：當你的影響力越大，每天來罵你的人就越多。那人嘛，肉體凡胎，說完全不受到影響是不可能的。

所以身邊至少要有一些稍微有點客觀性的人——比如說你的幕僚，比如說你信任的朋友——來協助你，在這一片評論中，不管是好評還是負評裡面，能夠看清楚什麼是真實的自己，了解真實的自己。

但消除壓力最重要的一點，在如何看清世界上沒有絕對的得與失，得失是一個硬幣的兩面。這樣就可以避免患得患失，或者是避免給予自己不切實際的期待。

以參選二〇二四立委為例。

對很多人來說，要不要參選立委可能是一個極其艱難的決定。在這個決定的過程當中，要去爭取，壓力很大；不去爭取，壓力也很大。但對我來講，至少我看得很清楚「參選立委有得也有失」這一點。

參選的「得」，是如果成功了，爭取到選民的認同來翻轉大安區，這當然是一個歷史的紀錄，我也有機會進到中央的國會，實踐跟推動更多改革。

然而「失」就是我要在這麼短的時間之內再一次進行強度更高的選舉，所以對我個人的身心會造成很大的壓力，極度壓縮我個人的時間，也可能對我的健康產生影響等等。

另一方面，如果不參選，人家會說，你失去了一個很好的歷練和學習的機會。

沒錯，可是呢，我也會得到許多好處：可以更專注在議員的工作上面，可以有更多一點時間，去做更多我想做的事情。

這些都是試煉。而我看到的就是：參選，就有得也有失。

所以這次考慮參選，當民主大聯盟的提名一度有波折、外界有很多討論的時候，我公開說應該是最有機會的人出來選，是不是我出來選不重要。那是真心話。

而從個人層次來看，出不出來選，我都各有好處。所以如果決定出來選，那我一定是全力以赴。

正因為兩個選項都各有好處，我就不用在分岔路那邊滿頭大汗，擔心會不會走錯；不會患得患失，有許多情緒。

很多時候，這就是觀點的問題：這個硬幣你是看到正面，還是看到反面。並不是說你看不到的那一面不存在；那一面還是存在。但是你可以選擇怎麼看待這些事情，這樣就可以從源頭舒壓。

決心

做政治工作需要決心。因為政治工作是一個需要全身心投入的工作。

有些工作是有固定上下班時間的。上班時間認真盡力，下班時間有自己的生活。可是，政治工作——至少以我來講——我每時每刻都有事情要想。

政治沒辦法兼職，需要全心投入才能做得好。想競選公職，位置就那麼幾個，政黨那麼多、候選人那麼多，別人都是投入百分之百在做，你只有投入部分，除非是不世出的練武奇才，否則怎麼可能勝出。如果要離開這個圈子，出去就不太可能回來，除非有什麼特別的機運。

假設你覺得條件不適合，你就想清楚，也可以做幕僚，至少幕僚不用隨時隨地在別人的監視之下。但你就不要想著自己還要什麼時候再捲土重來，那是可遇不可求的。

而幕僚在工作上的自我就更少。當「候選人」，某個程度在工作上還有自己的空間，當然還是少於一般人的空間。幕僚則是在幫別人呈現「他」，所以更不會有「我」。「我」只會在討論的過程出現，今天委員說是這樣，說是那樣，幕僚要幫他把目標達成。

政治工作中，唯一有一項資源是人人平等的，那就是時間。不管你是什麼階級、什麼性別、什麼黨籍，每個人一天就是二十四小時，到了選舉那一天、投票那一天，大家見真章。

正因為我們在資源上比別人少，所以我們的每一分每一秒能發揮的效益就要比別人大，這樣才有制勝的可能。我幾乎是用整個生活在工作。

當然你可以說，如果有「特異功能」，比如說家世非常適合做這一行，那也許你可以不用像我把自己逼成這樣；但是如果像我一樣沒有特殊背景來從政，那一定會遇到這個問題。

另外，政治人物在越做越受矚目，或者影響力越大的時候，就越沒有「個人」可言。

你的一切都會被認為跟公共利益有關。所以我們在生活當中，幾乎每分每秒都必須自律甚嚴，不是只有在工作上自律甚嚴而已。如果對自己有更多的期待，就得在生活裡每個面向都這樣。

古代社會有長工住在主人的家裡，一天二十四小時奉獻給主人，主人隨時有事就要立刻服務；生老病死、結婚生子，通通都在主人的家裡，一切的事情都跟主人有關。

政治工作者就是社會的長工。接受全方位的檢視跟檢驗，除了公領域，還包括個人的領域。

那怎麼設定有什麼事情是自己可以做的事情呢？

我通常會去想一件事情：如果這件事見報的話，我會不會後悔。

比如說，我記得多年以前，《中國時報》竭盡所能要打黃國昌，因為我們站出來反紅媒，而黃國昌是當時最受矚目的政治人物。有一天，黃國昌在路邊抽煙。《中國時報》做了很大的一個版面說：黃國昌在路邊抽煙。

當時黃國昌還只是一個學者，所以他大可以講說：「哎，你們為什麼要跟蹤我？」

可是如果今天是像我這樣的政治人物在路邊抽煙呢？這雖然也不是犯法的

事，但大家會說：「哦，你這樣子形象不好。」

所以我會問自己：這件事情如果有媒體報導了，你會不會後悔說：「啊，早知道這樣子，那我就不做了。」

如果我想了之後說：「這件事見報，我會後悔。」那我就不會去做。

如果我想：「這件事見報沒關係，反正我跟社會說明就是。」那這件事就在我可以接受的範圍內。

比如說，我喝手搖杯，邊走路邊吃東西，如果被人家拍到，我願意跟社會說明一件事：「因為今天一整天都沒吃東西，所以晚上在跑行程的過程當中，我在路邊吃東西。」

即使是演藝人員，他也可以說：「哦，這是我私人的事情，跟我所拍的片無關。」作家可以說：「我的事情跟我寫的書沒有關係。」可是我們是沒有任何理由拒絕民眾對我們的評論跟檢驗。這是一個我們這條路很與眾不同的地方，也是一件不容易的事。

當然這僅限於候選人，如果是幕僚的話，也許就沒有這麼嚴重。

總之，你不能承受自己被別人用最高的標準來檢視的話，那走當候選人這條路，或是成為民選公職這條路，就會非常痛苦。

抉擇

二〇一八年公投兼選舉的時候，我遇到了政治生涯中的兩難：要參與平權公投，帶兵去打一場不可能贏的仗？還是專心在我自己競選議員的選舉？那年四月，反同方把他們的三個題目送去中選會審查。四月十七日，中選會審查通過反同方的三個題目，說這三個題目都可以進行第二階段連署。

消息一出來，我就非常憂心。因為我知道根據新修正通過的公投法，這三個題目一旦進入第二階段連署，就沒有任何方式可以擋下來，因為我們的法律沒有賦予任何踩剎車的機制，讓已經被中選會審查通過的題目無法進行第二階段的連署。

這個題目如果要停下來，第一個情況是連署沒過。可是連署只要三十萬份，一定會過，隨隨便便都一定超過這門檻。第二個情況是提案人自己放棄——收集到足夠的連署之後不送件，或是不去收集連署，提案人自己放棄。

就只有這兩條路。完全不存在什麼司法救濟途徑。沒有人可以說：「哎，這個題目跟我的權益有關，怎麼可以拿去公投？」

我跟幾個朋友討論怎麼因應。

當時大家有一些正反的意見。有些人說：「我們就來進行反動員。」讓他們去連署，連署通過之後，我們來進行投不同意的動員。

可是我非常擔心。因為我對政治的理解是：連署本身就是一個動員的過程。就像郭台銘要連署選總統，他在設連署站、在推動連署過程當中，本身就在全臺大動員。動員這一次之後，他建立了完整的志工的系統，在每個地方都建立了據點，有了向社會各界伸出的觸角。

如果我們等到對方連署過了之後才動員不同意，那為時真的已晚。你可以把動員想像成選戰，如果一個是四月份就被提名的候選人，一個是八月才被提名的候選人，那後者這場仗會很難打。

但在對方連署還沒通過之前，我方要動員不同意也很困難，因為那是在反對一個還沒成案的東西，很難激發熱情和動員。根據過往的公投經驗，其實不同意票都比同意票更難動員。因為動員不同意票時，你是要去反對某一件事。根據我對臺灣民眾的了解，你要說服他去反對一件事情，要先跟他說這件事是什麼，然後你再告訴他「為什麼我們要反對這件事」。所以你在動員反對票的過程當中，已經先幫同意票宣傳一次。

當時我和另一些朋友的意見是：我們應該提一個對案。提這個對案的意思，不是要去跟他火車對撞，而是藉由提這個對案的過程當中，提早把對同志友善的動員能量拉出來，提早開始做全國部署、全國動員，以便讓我方戰鬥力也可以有更多的時間去累積、去提升。

那時候我遇上一個兩難。當時我有自己的選舉，要競選臺北市議員。我大可以對這件事情就算了，但我又覺得，如果明知道一件事情是對，但是卻因為我的顧慮而不去做，這反而不是我參與公共事務的初衷。

所以後來我跟一群朋友就發起了所謂的平權公投。當時對方叫自己是「愛家公投」——我們叫它「反同公投」——而我們自己提出「平權公投」，跟它對立的題目。

當時我們也考量了其他不同的意見。比方說，我們這個平權公投有設每一個階段的門檻，如果沒達到門檻就不做。

第零階段是：我們在網絡上開了一個活動，說我們考慮要做這件事情，但是我們也知道這件事情一定要有大家公民的力量支持才成功，不是少數人想做就可以做。所以我們開了一個網路表單，說如果在二十四小時之內，有超過兩千人填這個表單說願意一起行動，那我們就會正式地開始做紙本的連署。否則，我們就不會去做。

我記得當時應該是有六萬多筆回覆進來，然後大家就開始動工，依照承諾，開始做了第一階段紙本連署，在紙本連署達標之後，送去中選會。

我們又跟社會宣布我們第二階段的條件，因為我們算過，用最精簡的人力——

所有人都是志工不領錢，只有一位專職人員——再加上行政工本費的話，在全國推動這樣子的公投至少要三百萬。

所以我們開了一個募資專案：如果在限定的期間之內沒有募到這三百萬，那我們就會放棄這個公投，因為一個連三百萬群眾募資都募不到的公投是沒有能量的。

這個募資上線之後，很快在預定期限之內就達到我們所設定的門檻，當時我們一群人真的是咬緊牙關，把這件事情往前推進。那個時候真的非常的艱辛，因為三百萬要做全國性的公投宣傳，經費真的太少了。

當時我們真的是靠很多朋友無條件地付出，包括志工團的團長，我們很多自己個人的朋友，不計條件、不計名聲地在主持整個連署的行動。也有社會各界，包括演藝界、網紅、藝文工作者、作家的聲援。一路走到後面，原來對這個方案帶有困惑跟疑慮的民間團體也攜手作戰，所以最後才會出現所謂的「兩好三壞」這個結合起來宣傳的方式。

雖然艱困，我們仍然做出成績，因為我們在全國連署的過程當中，成功召集了超過兩千個志工，在全國二十二縣市的每一個縣市都有據點，而這些據點在之後都成了動員公投投票過程當中的據點。這兩千位志工在連署完成之後，也繼續轉型，成為宣傳公投投票的小蜜蜂。

最後開票開出來的結果現在還在中選會的網站上。平權公投所催出來的票，確實是有高於純不同意票的動員，但很可惜的是，對方的動員能量比我們大的更多。我們的財務有公開，經費三百萬，但對方的財務沒有公開，按照江湖傳言，他們在最後一個月打了上億的廣告。

我們的動員能量確實不夠，在整個開票的數字上當然是差距很大，而這件事情也被認為是二〇一八年民進黨選舉大敗的原因。但如果我們從開票數據分析，實際上，當時十個公投題目，同意跟不同意結果最懸殊的，是沒有對案也沒有動員，沒有給社會留下深刻印象的反火電、反深澳、反核食。而民間社運團體強力動員對決的非核家園、婚姻平權公投，反而是同意與不同意差距較小的。實際的數據告訴我們，挺身而出雖未必逆轉結果，但總是比置之不理好一些。

在開票當天晚上，同婚這個題目馬上就變成是眾矢之的，民進黨有很多支持者認為「都是同性婚姻公投害民進黨大敗」，所以網絡上有很多針對我個人相當多的揣測、傳言、不諒解，然後也有很多人認為我應該為在這場公投裡面受傷、受挫的同志朋友負起責任。

回歸到我們前面講的政治人物的「忍」與「韌」。

我做了那個政治判斷，事後的數據驗證出來，也確實沒有偏離原本預期太遠。但政治是結果論，我完全理解群眾會有這樣的反應，我也願意承擔這些指責。

隔了幾天，我寫了一篇非常長的文章，說明這件事的前因後果。當然有些人接受，有些人不接受，但是直到現在，我不曾為這件事情再說任何什麼。當時我承擔了我認為最能夠集結、支持平權力量的做法。如果時間重來一次，那個當下我還是知道並沒有什麼更好的選擇。

有人說，你帶兵去打了一場不可能贏的仗。

這點我不能說他錯。可是，那時除了帶兵去打一場不可能贏的仗之外，還有什麼選擇呢？你可以選擇作為一個勢必承擔敗仗責任的將領，你也可以選擇做一個坐在那什麼都不做的普通人。這是非常兩難的事情。

當時又有很多人說：「苗博雅是因為推動這個公投所以當選議員。」我心裡知道這樣的詮釋不是事實，因為我在選舉過程中遇到太多人只因為我是同志，或者是我支持同性婚姻，就不投給我的人。

但這件事情用辯白是沒有用的，我們只能用實際的成績來證明。我連任的時候比我當初選上時候多了九千票。這次已經沒有同性婚姻的議題，但我的選票是增加的。所以之前的這個說法和揣測，是與事實不符的。

對我來說，這是非常困難的事，但我也幾乎沒有再提這件事。

我身邊的人當然理解這些事情，但繼續去爭論這些其實對社會沒有幫助。再爭論，只是去爭論「苗博雅是不是一個善意的好人」，只是在爭我個人的形象而已。

而有句話不是說「要爭千秋，不要爭一時」嗎？在政治上，我們是要爭公共利益，而不是爭個人的聲望。就像林義雄先生說的：「不要看我一時，要看我一生。」

在我成長的過程中，看到世人對李登輝前總統的評價一直都是正反很不一的。

但是到他退休後，甚至他已經過世之後，你會發現世人對他的正面評價越來越多。然而在這段期間，他都不曾為他自己辯駁過什麼事情。

所以對我來講，我還是回到那句陳定南所說的：「如果討人喜歡與受人尊敬無法兩全，我寧願受人尊敬。」在面對兩難的時候，我選擇做我覺得對的事情，而不是做大家喜歡的事情。

政治工作是孤獨的。

鍛鍊

政治工作必須不斷地鍛鍊。鍛鍊的過程有很多違反人性的部分。比如人對溫暖、對信任的需求，在這過程中是找不到的。

這樣講可能太悲觀，但如果我們要讓年輕人了解政治工作的話，就不能有粉紅色的泡泡。我們要做的就是戳破泡泡。

泡泡戳破之後還願意來，那恭喜你，你具備了更好的條件。真的不是熱血浪漫就可以的，要進入現在的秩序去跟別人競爭，你一定會遇到類似的情況。

政治是心性的鍛鍊，你要如何除了熱情之外，還有判斷力跟責任感；如何知道「忍」這件事之外，還要有「韌」性，這一切都是要從事件當中煉出來。

政治人物全部的事情都要攤在陽光下，接受外界的批評與指教。

我自己曾經發生過一件事。

我在臉書上看到一個朋友貼了一個訊息，說他有手機要賣。當時我的團隊需要一支公務用的手機，所以就決定跟他買。他請我匯款到一個賬戶。我答應後，很快地處理掉，跟他說我匯款了。

接著，那個臉書朋友傳訊來說：「哎，我還有更多新的，你要不要？」當下我馬上察覺有異：這個其實不是他本人。我立刻打了一六五反詐騙專線。他們非常有效率，馬上完成報案，下午我就立刻去做筆錄。反詐騙專線通知我說：「因為你報案很快，我們已經把對方的賬戶凍結了，裡面還有錢，所以你的錢大概拿得回來。」

之後就是走法律程序，隔一段時間，檢察官、法院就發通知來說我要去開庭。這次只抓到人頭賬戶，對方是個單親媽媽，我跟被告說：「那不然妳錢還我，妳錢還我我就跟妳和解。」後來她被判刑，但是判緩刑。

接下來有一天，在上午還很早的時候，我接到記者電話說：「苗議員，你是不是被詐騙？我們想要採訪你。」我問他怎麼知道，他說：「因為今天《自由時報》有寫。」

我看到《自由時報》比我還早知道這個判決，寫臺北市議員苗博雅如何如何，心裡就想：「天吶，這關你們什麼事？這是我個人的事，而且我處理好了，錢拿回來了，也跟對方和解了。對方的名字你沒寫出來，整個案子只有寫出我的名字，好像我才是犯罪的人一樣。我還要在議會一樓，接受一排的記者連訪，叫我把事情的過程講一遍。」

不過我還是接受這件事情。既然如此，那就這樣吧，講吧。而一直到現在，我在問政的時候只要講了什麼事情有人不認同，馬上就有人攻擊說：「哦，你是一個被詐騙的議員，你講的話不可信。」但有什麼辦法呢，遇到就只能這樣子啊。

現在法院的判決裡面，性侵、家暴，或者是未成年的案子，被害人的名字會被遮蔽。但在其他案件中，難道被害人不值得擁有隱私嗎？

我知道這制度上當然有很多問題，可是如果我們只是坐著抱怨說這個制度對我們不公平：「為什麼被告犯罪的人姓名可以被屏蔽，但是被害人的姓名要一五一十地寫出來，讓被害人要接受公審？犯罪的人還緩刑，主嫌還沒抓到。」那是沒有用的。

即使這個制度有問題，我們也絕對不要只是坐在那裡抱怨，當個什麼事都不做的人。如果我進入立法院，也許我會想要推動：「未來法院的判決文書裡面，應該要先徵詢被害人同意，才能把他的全名放在法院公開的網路上面。」沒有理由說被害人一定要公告周知他的被害經過吧？

這不只是為了我自己個人，也是要為了其他案件的人。像我的情況還好，金額才一萬三千塊，最後也一毛不差拿回來了。但有一些上班族被騙了幾十萬的，一些社會知名人士可能被騙甚至上百萬的，他看到我的案例會不會覺得說：以後幹脆不報案好了，息事寧人？

經歷了這些紛紛擾擾，到現在還餘波盪漾，但是就只有承受。海浪打上消波塊，消波塊會濕掉，但是消波塊也不會因此就逃走，說我不當消波塊。我們的工作也是這樣，海浪打過來就承受。

這整個過程就是鍛鍊。

挫折

在我的政治生涯裡面，有一件讓我警惕的事情。二〇二一年疫情期間，臺灣進入了一波嚴重的疫情，全國三級警戒一直沒有辦法解除。臺北市是疫情比較嚴重的地方，我們經常公開談論很多防疫的問題，包括很多案件裡面，臺北市的疫調沒有確實、隔離沒有確實、對於社區的感染源篩檢不足。

我們在議會裡面提出過很多這種問題，我相信市府的公務員也都做了很多——臺北市當時的基層公務員非常辛苦。但我認為當時臺北市的領導統御系統大有問題，因為他跟中央時常是脫鉤斷鍊的，甚至講得更直白一點，是對抗的。

有一次我在政論節目錄影的時候，主持人談到全臺灣是不是還要再繼續三級警戒下去。當時我很了解在防疫的過程當中，臺北市政府高層真的有太多有待改進的地方，甚至在防疫期間，竟然有衛生局長被冷凍這種難以想像的事情。防疫期間所有人火力全開都不一定夠的時候，一個明明可以做事的局長卻被冷凍在那邊。所以我在節目錄影的時候評論了這件事情，講了一段話：「我覺得很抱歉，因為接下來，可能全臺灣的民眾還要繼續陪雙北坐牢，大家被關在家裡面。」

節目播出後應該過了一個多禮拜，有人在ＰＴＴ上說：「苗博雅竟然說全臺灣要陪臺北坐牢。」然後把那一句話截取出來。隔天，所有的新聞就是啪地一條龍全部出來了。

一開始，我很想把事情講清楚。因為這句話並不是那天我談話的重點。我的重點是臺北市政府有非常多防疫的缺失沒有改善，進而導致疫情沒辦法良好地控制。因為全國是同一個生活圈，必須維持著幾乎一樣的管制強度，疫情沒這麼嚴重的地方，也必須要維持跟臺北一樣的管制強度。

所以當天一早媒體要求我出面說明的時候，我先是覺得：「不行，我要把話講清楚，我講的東西不是講臺北的民眾不好，我講的是臺北市政府的問題。」我是一個議員，職責就是監督臺北市政府，我對民眾沒有任何批評的意思，因為民眾是受害者。

後來，我自己看了一些新聞報導，跟再看了一些網絡上的評論之後，思考一件事情：「對，我可以理解，有一些市民聽到這樣的說法，尤其是他們沒有聽到一整段，只看到這一句的時候，心中應該覺得非常委屈。」

我覺得我要承擔這個責任。所以另外拍了一個影片，放在我的社群媒體上面，內容大意是這樣：「我理解有很多市民聽到這樣的話一定覺得很不開心，這句話確實講得不好，對此我覺得很抱歉。我的本意並非要傷害大家，我的本意只是想要指出臺北市的防疫措施確實有很多可以改進的地方。如果我們可以把這些地方做好的話，也許大家都可以早日恢復正常的生活。」

這是我在政治生涯裡面一個很大的學習。

回歸到我常講的，別人怎麼看待我們，不見得是我們優先需要最重視的事情。所以相對的，為自己澄清，或為自己辯白，也不會是最重要的事。

當然在一開始，我的防衛心態是說：「哎，我明明講了一段完整的東西，你只問我這一句，可是其他也應該要有人關心吧？」但是仔細一想，如果你要問我這句話可不可以被表達得更好，確實可以，我大可以用其他的方式講說：「哦，臺北市政府有很多的缺失，造成了我們的疫情本來可以控制得更好，但現在卻沒有控制這麼好。」

這裡確實有我要改進的地方、確實做不好的地方。所以為了我要改進的地方、做不好的地方，跟受傷的市民朋友道歉，這一點確實是應該做的。不應該把我自己個人的感覺放在前面，而應該要把民眾的感受放在我自己感受的前面。

韋伯在《政治作為一種志業》講：「政治就是用雙手使勁而緩慢地穿透硬木板。」

很傳神。政治就是這樣，高風險、高壓力、高工時、低薪資——三高一低，所以肯定是處處充滿挫折。

我覺得政治就是進三步、退兩步，改革也總是進三步、退兩步，所以政治一定要耐受挫折。

但在挫折之外，這幾年有一個讓我覺得很感動的事情：有些民眾明明跟我沒有面對面相處過，或者是沒有深交、認識過，但他可以因為我們的努力——比如說我們的問政、我們的服務，或是我們的理念——對我們展現出非常強大的支持。

比如說，一見到面的時候，就會很熱情地跟我說加油，或者是我被罵的時候，就傳一條訊息給我說：「加油，苗議員，我支持你。雖然很多人在批評你，可是我覺得你講的是對的。」這些事情會讓人覺得很感動，因為我們素昧平生，但是因為一些付出，或者是一些理念，就獲得了民眾這樣子的支持跟信任。

挫折固然是存在的，但是有這些民眾的支持，就能鼓勵著我們去迎向這些挫折。因為政治人物——尤其是民選的政治人物——就是投票給你的選民的意志的具體體現。

你沒有辦法認識每一個投票給你的人，但是這些人即使跟你素昧平生，還是把這一張票蓋給你。所以對我們來講，承載著投票給我們的人的期待往前走，是我們最重要的工作。雖然沒有投票給我們的人一定比較多，但是讓我們往前走的，是這些投票給我們的力量。

政治人物被反對是常態。蔡英文總統上次拿到八一七萬票，這代表著兩個意義：第一，她是中華民國臺灣選舉史上得到最多票的人，登峰造極。但是第二，全國的選民還是有一半以上的人沒有投給她——沒有出來投，或者投給她的對手。即使拿到全中華民國臺灣有史以來選舉最高票、已經登峰造極的人，還是有超過一半的人沒有投給她。所以沒有投給我們的人絕對是多數、反對我們的人絕不會少，因為我們是民主多元的社會。

做政治工作時，接受反對的意見絕對是常態、是必修課。

遭遇挫折時，我會多想想支持我們的人、曾經支持我們的人，這是讓我們能夠面向這些挫折的重要力量。

負面情緒

我比較幸運的是：我的身邊有關愛我的家人、伴侶跟朋友，所以我身邊是有支持的。我現在覺得，我在政治路上往前進時，關愛我的家人、伴侶跟朋友的支持是很重要力量。所以我很少有那種到了絕境的感覺。對我來說，比較常出現的負面情緒是憤怒和無力感。

憤怒，就是覺得：「啊，這個太離譜了，怎麼會有這種事發生啊！」無力感，就是覺得：「啊，我做再多又能改變什麼呢？」其實做我們這一行一定會遇到這些東西，比較挫折的時刻。但是把它沈澱下來之後，其實還是要說服自己說：「這是常態。」

只要你接受這是常態，你就不會放棄，因為你會理解到說：「對，這個大情況家都會遇到，不是只有我會遇到，大家都會遇到。」

即使今天在政治上面已經取得了最高成就，比如說當選總統好了，總統也不是為所欲為啊，總統想要推動很多事情也會推不動啊，所以，我們選擇了這個職業作為我們的志業，那這就是我們必然要去面對的事情。

這是我這些年來說服自己的方式。

精準

長期以來，我是一個追求理性的人。而大學時候學擊劍，對這件事有過很大的幫助。我在臺大加入擊劍校隊時，讓我妹大吃一驚。

我大學以前會參加辯論社、班聯會，國中的時候喜歡打籃球，但對於運動這件事並不是很有熱忱，所以從來沒參加任何需要身體上運動的社團。

當時我妹不知道的是：我參加校隊是為了抵免體育課的學分。上了大學後，我很錯愕：「天啊！上了大學還要上體育課？」我以為高中畢業就沒有了，想不到大學還有。

後來我看到臺大有很多的運動類社團，只要你能夠獲選為校隊，就不用上體育課——校隊的訓練就是你的體育課。

我看到有擊劍校隊，就想太好了，因為擊劍是一個相對比較小眾的運動，雖然我完全沒有任何基礎，我去報名搞不好有機會。後來還真的被選上了，從頭開始練起。

我在擊劍校隊學到一個觀念，至今在工作的時候依然受用無窮。

擊劍是從決鬥來的運動。決鬥是要致對方於死地，但現代的擊劍只是公平、有益健康的競技活動，目標不是置對方於死地，而是要得分。

擊劍的得分可以細分為三個不同的項目：鈍劍、銳劍跟軍刀三種。這三個項目裡面能夠得分的部位不同。

鈍劍的得分部位是脖子以下，一直到腰帶以上的軀幹部位，打到才有分數。

銳劍，是從頭頂一直到腳底，你只要有打到對方就有分數。

軍刀，是脖子以下腰帶以上、軀幹再加上雙手，打到才有分數。

所以擊劍講求精準，你玩三個不同劍種的時候，必須針對目標做精準的打擊，不是只要體力好，力氣大就可以贏，所以蠻適合像我這種，在體格跟體能上並不突出的人。

我們會做一個練習。

當時的教練是我的學姊，她用一根線吊著一顆網球，然後把線吊在窗框上，讓那個網球浮在空中。

我們必須持劍去刺那顆網球，刺到之後等球回彈。

我們練習的目標就是：當球彈回來的時候，會回到你劍尖的位置，那就是成功，因為這代表你確實擊中了球心。必須非常精準地練到這樣的程度。

剛開始，我非常困惑一件事情：做這個動作的時候，眼睛到底要看哪裡？是要看著劍尖呢，還是要看著網球？我不太確定到底要怎麼做，才能提高精準度、命中率。

我問了學姊這個問題，她反問我說：「你吃飯用筷子夾菜的時候，是看菜，還是看筷子？」

我思考了一下，應該是看菜吧，不是看筷子。

學姊說：「沒錯，所以你就把劍想像成手上的筷子，那你要看菜，還是看筷子？」

我說懂了。

我們就是看著目標去做，鎖定目標之後，只要訓練充足，比如說手臂、手掌的小肌肉，都已經訓練得很紮實，運作足夠穩定；我們實踐的方式是對的，持劍的方式是對的，那麼當我看著目標、手伸出去，自然就會擊中目標。

為什麼說這個經驗對我現在的工作受用無窮呢？

因為我發現這是一個很重要的工作態度：做任何事情都是看菜，不要看筷子；所有的手段跟方法，一定都要針對目標而去。我們要看著需要達成的目標，而不是在手段或方法上面糾纏不休。

筷子漂亮不漂亮，幾公分長，拿筷子的方式是不是最標準、最漂亮，都不重要。最重要的是你要夾到那個菜，做到你想要做的事情。

當然，因為我不是一個運動神經非常發達的人，所以在我擊劍的生涯當中，不是一個成績非常好的選手。可是在那個練習裡，我覺得最大的收穫是在心性上面的提升，讓我能克服種種劣勢。

以體格和力量來說好了，每一個選手有他不同的優勢，而我們隊上成績好的學長姊，未必是體格最高大或是力氣最大的，但往往是最專注、最靈活的。現在回想起來，我覺得擊劍那種對專注力的要求、對反應力的要求，對於我後來人生的工作，很有幫助。

我大學畢業之後就疏於練習擊劍了。因為擊劍是一個需要特殊場地和設備的運動，要在室內，得有冷氣，要鋪設劍道，然後還要有計分器。每一個選手要採購自己的頭盔、劍服，如果是練鈍劍或軍刀的話還要電衣。

所以我很幸運，對我這種完全是新手的人來說，若非在臺大，大概很難有資源可以讓我加入校隊從頭開始練起。

當時隊上很多裝備是共用的，因為實際上很難自己一個人就買一整套。最後，學長姊也都非常地熱心，才能夠讓這個校隊可以持續的運作。

最後一次玩擊劍是在疫情期間的事。

疫情期間出門不是很方便，我妹有時候會待在我住的地方。有一次我們在玩一個類似擊劍的遊戲，我跟她解釋擊劍的姿勢怎麼做、必賽計分規則之類的，直到那時，我妹才相信運動神經不好的我真的有待過擊劍校隊。

感性

這兩年來，我在逐漸找出感性的我，設法和他逐漸熟悉。

最近兩年對我來說壓力蠻大的，去年選舉，今年又要選舉，所以這是一個很高壓的環境。

除了選舉之外，我們日常的工作都還在進行。我選舉過三次，現在是第四次。在過往三次選舉裡，第三次，也就是上次選市議員連任是壓力最大的。因為不但要選舉，還要維持日常的工作、問政。相比起來，選立委跟第一次選議員的時候，我都只是個百姓，只要選舉就好，不需要維持日常的問政跟服務。可是選市議員連任的時候就要，因為我同時有兩份工，而且這兩份工都很重要，不能有任何一份搞砸。壓力其實更大。

就在這個壓力很大的環境裡面，我逐漸在每一次做決定的時候重新認識自己，問自己一些問題：「哎，我在此刻為什麼會做這個決定？我在此刻為什麼會這樣反應？」

我在設法了解自己的兩個身分，一個是理性的我，一個是感性的我。一直以來，經常是理性的我出來處理事情，但是不是感性的我也可以在生活當中發揮更多的角色？

如果感性的我有發揮一些作用的話，會不會我做的決定會更明快，更直覺，或者更有人性？

我設法認識這個感性的我。

理性的我會有很多的思考、不斷地在思考，想著怎麼樣做會比較好，想了第一步就要想到後面五步。

但是感性的我是比較直覺的——「我覺得這樣做不錯，那就這樣做吧！」或者是，「我不喜歡，那我不要。」

感性的我當然有情緒，可是某種程度上，我也開始覺得情緒是人與人連接的一種方式。人跟人的連接很少是基於思考，大多數是基於共感。這個共感其實就是感覺啊！

有一個老師跟我講過一句話。他說：「人不可能永遠不變，因為人有成長就一定會改變。一個人如果永遠不變，代表他都沒有成長。」

我聽了之後覺得很對。當我有了這個意識之後，我覺得我在意的就不是在「我有沒有變，我有沒有一直都維持一樣。」更重要的問題應該是我有沒有成長。如果有成長、提升了、變得更好，那有改變其實就是一件好事。

以很個人的角度來說，我讓自己處在一個「一直尋求讓自己成長的方式」的過程。

所以，以前對於成長的看法可能比較限縮，但現在的我更樂於去嘗試新的事物。

我現在慢慢地接受一件事：人的感性和理性並不是二元對決，而是可以相輔相成。可以相輔相成的時候，在某種程度上就找到一個可以讓成長變得更快速的新引擎。

以前我覺得是理性讓我們成長、靠思考讓我們成長。

但這只是一具引擎。

如果我可以更放開自己的心胸，用情感去連結這個世界的話，那這會成為另外一具讓我成長的引擎也說不一定。

舉個例子。

在那種很緊湊的選戰裡，我們經常必須在很短時間內做一些快速決定。我過去可能會在做了某個決定之後又想：「我這決定是不是做得不好？我在做這決定的時候，是不是太情緒化？我做這個決定的時候，是不是沒有縝密的思考？」

可是，現在對我來講，我反而更想思索一個更深一點的問題：我讓自己在決策過程中稍微帶一點情緒，會讓決定變差嗎？

還是會讓這個決定變得更好？

因為從結果來看，並沒有不對，而且做決定的時間還縮短了？
我還在探索這件事情。

九　愛情與伴侶

幼稚園最早的性別意識

幼稚園的事情我記得不多。

有一段是在教室裡打掃，和小朋友瞎聊。班上有人說，知道美國總統叫什麼名字嗎？就有人說叫布希。又有人說，好好笑啊，好像布丁。

可另一段就永遠不會忘了。

我小時候就很堅持一定要剪短頭髮，不穿裙子。

可是有一天我媽媽要給我穿一件洋裝上學，然後我在家裡就奮力地抵抗哭鬧。最後當然是我輸了，我媽贏了。

她把我套上洋裝，送去幼稚園。然後我在路上還是一直哭，一直在抵抗。

最後她把我送到教室門口，門打開的時候，我的記憶就斷片，停在那裡。後面發生了什麼事情都完全不記得了。

後來我聽我媽說，我是從大概一歲多起，就不肯綁蝴蝶結，也不肯穿粉紅色的裙子，完全不。買鞋子也要買男生的球鞋。

她說一定要我穿洋裝去幼稚園那一次，是她最後一次嘗試看我是不是會穿。那一次看我那麼堅持不要之後，她就放棄了。加上看我空窗期那麼勇敢地一個人去圖書館，一個人去爺爺奶奶家，打籃球，她就更放手隨我了。

從兩小無猜到愛情

我很小就知道自己喜歡女生。小學一、二年級的時候，頭一次看到一個女生朋友覺得很可愛，很喜歡跟她相處，跟她在一起時候覺得快樂。但現在看起來，也就是兩小無猜的那種喜歡。

開始真正體會一種對女生的喜歡，是在國二的時候。進入了國中，異性戀的同學開始在交男女朋友，探索什麼是親密關係，什麼是友達以上的交往。我的哥兒們在討論他們喜歡哪個女生；我也聽到一些女生在討論她們喜歡哪一個很會打球的男生。我心裡面當然也就跟著想：那我有喜歡誰嗎？這一想就發現：對！我喜歡那個同學！

但是我也馬上提醒自己：這不能告訴別人。

我從小就知道自己跟別人不一樣，然而比較幸運的是，我沒有覺得自己不正常。在升學主義的保護傘底下，我因為很會考試，功課很好，加上我本身也沒有什麼特別出格的行為，所以大人都不太管我這部分。

但我還是知道社會上有一些人不能接受，所以我要很謹慎、很小心，最好把這些東西留給我自己，不要輕易讓人知道。

進了開放的高中之後

上了高中，我很幸運的是，北一女中是一個充滿了尊重跟自由的環境。在這個環境裡，大家相互尊重，可以適性發展，我有機會可以跟其他人一樣發展自己對人生的探索，也學習表達自己的情感。而我人生中第一次談戀愛，就發生在高中。那是高二，我和一個同學相互有好感，後來我們就開始交往。

那段感情對我來說非常重要，影響也很大，因為那是我第一次有機會跟一個自己以外的人，學習建立一個相互扶持的親密關係，學習開始理解、體驗愛情是怎麼一回事。如同所有的青少年，那中間一定會有不成熟的、幼稚的、不完美的地方，但是那是一次很好的起步。

我們交往了大概兩年半，在高中升大學那個暑假分手。但我是從那次戀愛開始，把女朋友帶回家裡，介紹給家人認識。我沒有說是什麼人，只是介紹是我的同學。我希望我的家人認識我愛的人，也希望我愛的人能彼此認識。

在和第一任女友分手的時候，我非常難過，就跟我媽說我跟某某人分手了，當作正式在家長面前出櫃。

高中開放的環境，讓我真正體會到我可能有點不一樣，但是我沒有不正常。雖然這個社會上不是每個人都可以接受我，但是我從那時知道，我也有機會跟一般人一樣，可以發展親密關係。我覺得知道自己跟別人一樣平等擁有這個機會很重要，因為這才可以開始練習成為一個完整的人。

理想的親密關係

我內心對於伴侶的依賴很大。我需要伴侶的支持，跟需要伴侶的愛的程度，是很強烈的。但這跟我的外觀有很大的反差。這落差的原因，來自於我內心雖然有很多情感，但是非常不會表達。我常說我有社交障礙，這是真的。

就像這本書前面說的，我從很小時候開始，都一直跟一些大人、老人相處，很少跟同齡的人玩，然後我妹妹又小我六歲。我上小學之後才突然發現，為什麼我不會玩鬼抓人，然後我也不會打電動，不太會跟同學聊天或是嬉鬧，然後我下課的時候也不會想要跟同學成群結伴去合作社，聖誕節或其他節日，同學寫卡片給我，我收到卡片之後，完全不知道該怎麼回覆，怎麼處理。

曾經有一年，我嘗試說，既然同學送我卡片、我也要回送，就去書局買了一疊卡片準備要回禮給每一個人。結果開始寫第一張就先花了十分鐘想我要寫什麼，想好之後，又花了超過半小時，連一張卡片也沒寫好。我就覺得這太累了，我沒有辦法，寫這十幾張會太久，所以後來我就放棄這個回禮的計畫。

然後一直到現在大家都改用手機，都改用通訊軟體了，可是我在關於回訊息這件事情上超有障礙的。就是我每天都有很多的訊息，然後我經常不知道到底要怎麼樣才能一個個處理完。

我爸都會跟我講一個故事。有一次，我很小的時候，他們公司去旅遊，溪邊烤肉。所有職員都帶自己小孩子去，大人烤肉，小孩子在那邊玩。然後我就一個人坐在溪邊的一個大石頭上，沒有跟任何人講話，就一直自己坐在那裡。後來我爸就跑過來問我，你怎麼一個人在這裡？你在幹嘛？所以，一般交友尚且如此，更不用說那種涉及到心裡面比較深層的，或是比較豐富的感情。

我表達愛的方式深受我爸的影響。他的方式就是兩種，第一買好吃的東西給我，第二買玩具給我。這是他工作一直很忙所想到的辦法。我從小習慣了，後來一直到現在我自己表達愛的方式也是，去好吃的餐廳吃飯，然後買東西送給人家。

雖然不能說很拙劣，但是一個沒有什麼層次的表達。我心裡面的感覺是有層次的，可是我表達感覺的方式是很平淡的。

我理想中的親密關係，應該是兩棵長在彼此旁邊的樹。兩棵樹是獨立的個體，自己長自己的，但有時候枝葉又會重疊交纏在一起。颱風來的時候，這兩棵樹會一起被吹得搖搖晃晃，在命運上面有相連的地方，但始終是兩個獨立的個體。這是我理想當中的親密關係。

但是要做到這個並不容易，因為有很多分寸跟很多界線要拿捏；然後兩個人在一起的步調，對於生活的想像，對於未來的建構，其實也都需要透過溝通，但是這個溝通又不能夠純粹只有理性。

而我有時候真的是過度理性的人，過度到跟我交往的人可能會覺得很痛苦。為什麼每次吵架我都要跟她講道理？因為我只會講道理，不懂得怎麼講我的感覺，然後也不懂得怎麼回應別人的感覺。

我身為公眾人物，媒體有時會報導我的感情生活，有時候看來很繽紛。雖然當感情走到無以為繼的地步，我也未必每一段都處理得很成熟，但至少我有一個信心是，大多數跟我交往過的人都不會否認我在關係持續期間是很用心的。非常非常用心。

我也很感謝成年之後的每一個伴侶都很包容我這個不擅長表達情感的人，讓我在每一段關係裡面都有成長。她們教我很多，包括在吵架的時候不要一直想著講道理，包括要聆聽別人的感覺，然後現在要進階到要勇敢地表達自己的感覺。

婚姻的意義

二〇一九年通過《釋字七四八號施行法》那天，我出國。正在飛機上，即將要起飛前，我在最後瀏覽新聞的時候看到這個法案在立法院裡面順利通過。

本來我以為會只有如釋重負的感覺。因為在前幾天，我還打一些越洋電話跟朋友討論情勢，談立法院裡面的票夠不夠。

只是在機艙門準備要關的前一刻，當我在新聞上看到終於正式三讀通過的時候，我放下手機，熱淚盈眶。我自己都很驚訝為什麼會有這個反應。不是應該要高興嗎？終於達到一個里程碑，為什麼會流下眼淚來？

我意識到，我心中除了如釋重負的高興之外，還摻雜了一點心酸。因為就在那個時刻，我突然非常具體地感受到：對，我人生中過去的三十二年，是真的被歧視了。

如同我剛才說的，我從來只覺得自己不一樣，但沒有覺得自己不正常；我理性上知道這個社會對同志不公平，但是我沒有真的覺得有什麼東西被剝奪，因為我一直都覺得我很正常，跟其他人是一樣的。

但是在《七四八號施行法》通過，隨著我意識到：「從今天開始，我可以選擇結婚了」那一瞬間；隨著發現原來說出「我想結婚」是這種感覺，這是我以前無法體會的那一瞬間；隨著我意識到這個機會以前真的是被禁止，我無法擁有的那一瞬間，我人生過去三十二年是被歧視的感覺，就突然變得很真實。

在此之前，我說想結婚，那只是一個許願，比如說我想登陸月球，或者說想中樂透頭獎，都是想歸想，但事實上你知道人生中不會發生的事情。

可是這個法律通過，當我說出想結婚這件事情的時候，這件事情變得非常真實，是真有可能實現的。

我是在這兩種真實的感覺交相衝擊下，欣喜中流下了眼淚。

每個人都值得擁有追尋幸福的機會。

同志在婚姻上，當然也擁有可以追尋幸福的機會。當然有些人會把握好這個機會，有些人會浪費這個機會，那要看每個人的造化跟努力。但基本上，每個人都值得擁有這個追尋幸福的機會。

所以我對婚姻是非常嚮往的。我覺得婚姻就是意味著承諾，然後穩定的關係，對雙方的保障，然後，結婚也是一種表達愛的方式。

對我來說，在愛情和婚姻上，伴侶是否快樂是最重要的，我重視的也只有她怎麼看我。

十　從大安區新出發的理念

我為大安區做的事

大安文山區是我從小的生活圈。在這裡出生，在這裡長大，幾乎沒離開過。這裡也是也是栽培我從政的土壤，我對這裡有深厚的感情。

自從當選市議員後，在五年多時間裡，到今年十月中旬，我已經為大安區連續服務超過一千七百五十個日子未曾間斷。

我提案刪除了市府四十七億五千八百萬浮濫編列的預算，質詢全勤，提出超過兩百項市政議題。成功推動《臺北市網路外送平台管理自治條例》、《臺北市淨零碳排自治條例》立法。做了超過五百件里鄰環境及地方交通建設，也做了超過五千件服務選民陳情的案子，也就是為五千個家庭提供了服務。

在這些日子，我們協助大安文山市民解決各種疑難雜症。從教育、都更、食安，到交通工程、公共安全、法律諮詢服務，只要有民眾陳情，我們都當成自己的事情用心處理。

踏實地協助民眾「具體解決問題」，陪伴大安文山市民的承諾不曾動搖改變。

而我的法學訓練背景，更讓我有精細發現問題，解決問題的能力。

二〇二三年五月，大安區與信義區交界附近發生建商施工鄰損導致天坑事件。

當時我研究法規，發現《臺北市建築施工損鄰事件爭議處理規則》高度偏袒建商，使建商有恃無恐，鄰房民宅權利毫無保障。

也發現這個不合理的辦法，是柯文哲前市長在他任內修改出來的。

在那之前的版本，都發局接到居民申訴之後，會找居民和監造人（業主委託監造人）一起到現場會勘，然後由會勘結論來決定。

柯文哲修改的版本，卻把都發局降級成為接線生，只負責轉知建商，後續就由建商製作《初步安全認定書》及《損害責任歸屬初步認定書》。如果建商判斷房子沒有受損，就可以繼續施工。如果建商判斷房屋受損與施工無關，都發局就不予列管。房屋受損的民眾，如果不服建商的認定，必須自費委託其他機構鑑定。

換句話說，這個新規定使得北市府成為局外人，讓建商有了球員兼裁判的資格，也使民眾求助無門，公權力坐視嚴重事故發生才介入善後，相當消極。

我隨即對蔣萬安市長提出質詢。

當時蔣市長雖然承認柯文哲修改的這個規定確實不合理，卻未積極處理修法。

接著到九月份，大直發生基泰建設施工導致鄰房整棟下沉的嚴重工安事故。我發現受害民宅早在事故發生前八個月就向市府投訴，卻因為《臺北市建築施工損鄰事件爭議處理規則》的不合理程序，使都發局在下沉事故發生前兩個月「依法不予列管」。

我接著再次提出修法倡議，迫使市府正視問題，終於提出修法方向。這就是我堅持「理性問政」為社會帶來的正向價值。

最有趣的是，我的競選對手，在市府宣布推動修法後，竟然第一時間貼文宣稱這是他提倡的政績。一開始令人哭笑不得，但後來轉念一想，或許「苗博雅成功爭取，市民受益，其他人發臉書」也是一種「三贏」吧。

我樂於服務大安區的理由

在我心中，大安區幾乎可以說是臺灣的縮影。這裡一方面保守，但是另一方面，又有一群主張進步價值的選民。所以大安區可以選出我，也可以同時選出護家盟曾獻瑩——非常保守的反同的議員。

從人口統計上來看，大安區應該是全臺北市年長女性最多的一區，客家族群佔比也蠻高的，根據統計，大概有百分之三〇是客家人。客家人的認定可以是客家血源或客家淵源，所以各種統計高高低低的，最高的數字有差不多百分之三十八是客家人。

另外一個特徵是，因為大安區還蠻多政府部門，或者是國營事業的宿舍，所以所謂的公教人員比例算是高的。教育程度以及收入在全國或是在臺北市，平均也比較高。他們重視的題目其實比較偏向一般人所認為的保守，像是經濟等等，或者長期而言被認為是偏藍。但是同時也有一些比較有趣的地方，比如說因為教育程度高，所以有一部分的選民其實是所謂的進步的，或是可以接受改變的。

現在一般的人想到大安區，可能會想到：大安森林公園、信義路、仁愛路、帝寶、空總，這些大家認為非常精華的地方。可是如果說到通化街，或者是到六張犁、和平東路那一帶去走訪的話，你發現其實有很多舊的聚落，或是一些大家族的根據地，跟一般人對大安區的直覺印象不是完全一致的。

六張犁、通化街那塊是相對老舊的社群，但那個區塊確實也是被劃分在大安區裡面。那一帶的人口特色又不一樣，因為那邊是屬於市區，好幾代都在大安區，然後在地的，所以其實這也是不同群人的特徵。

因為這裡被劃在大安區，所以大家對於開發的價值期待會很高，但是你期待高的時候，又會遇到一個問題，如果說每個人都想要，希望更新的時候可以得到最大的利益，但是實際上這塊餅就只有那麼大，容積就只有那麼多，很多時候在整合上有困難。

而我要服務這樣一個充滿許多不同族群、價值觀和需求的地方，不覺得困難和挑戰，而是感到非常有興趣。

這應該和我的家庭有關。如我前面所說，我父親家庭的外省背景，和我母親家雲林的背景；我爺爺奶奶住臺北市，我外公外婆住西螺，這些都讓我從小就習慣於從不同族群的視角去觀察世界、體會不同地方的人的不同價值觀。

所以我很慶幸生長在大安文山區，也很榮幸在長大後為這個地區的選民服務。

當立委可以做的事

在做了五年多市議員之後，我會想要競選立法委員，是因為從我的政治理想上來看，有很多事情是中央層級才能做的。立委可以決定國家的法律，可以影響到國家政策。

我們社民黨本來就認為立委最好的服務，就是推出良善可行的政策。如果我有機會成為立法委員推動好的政策，一定可以從更多角度有利於臺灣，也有利於我在大安區的選民。

我們說臺灣的居住正義問題好了。

臺北是居住正義問題最嚴重的重災區。在臺北市也可以做很多事，包括我們在議會裡面非常致力於推動社宅的興建等等，但是這些事情是治標，真正的治本應該是要盡力地去做臺灣的區域平衡。

蛋黃區人人都想住，所以蛋黃區房價必定居高不下。那我們要做的功課是讓臺灣出現更多的蛋黃區、有更多的選擇。大安區的土地是不會增加的，必須讓其他的地方也擁有跟大安區類似的條件。這些事情並不是在臺北市議會就可能做到，還必需要有中央的、整體的國政規劃。這是一個內政的議題的例子。

又譬如長照。大安區是個特別需要喘息服務的地方。不但老人需要照顧，小孩也需要照顧，兩者兼顧，才能讓上班族有喘息的機會。

而長照問題真正要改善，必須實現「長照公共化」的目標，把「照顧」從「家庭責任」轉為「公共責任」，由國家提供基礎的長照服務。

而大安區需要有新觀念的代表進入立法院來推動改變。

過去，大安區長期有深藍選區之稱。國民黨不只長期有把握從這個地區推出立法委員，甚至都習慣到過頭、不合理了。

像二〇二二年十二月二十五日蔣萬安就任市長，當時他已經跟大安區的國民黨立委林奕華談好，請林奕華來當副市長。照理來講，林奕華應該在十二月二十四日辭掉立委，二十五號來臺北市上班，可是她沒有這麼做，她反而是在今年的二月一日才辭掉立委。

為什麼呢？

因為當立委任期超過一年就離任的時候，需要補選。林奕華去年底辭職，那就要進行補選，大家再去選出一位立委。但是拖到今年二月，當立委任期剩餘不足一年的時候，就不需要補選。

國民黨可能是因為內部還沒有搞定誰要出來選，所以乾脆就不讓這個補選舉行，大安區成了全國七十三個選區裡面，唯一一個沒有區域立委的選區。

民主化三十五年之後，還有一個政黨可以透過技術性政治算計來沒收選舉，這太難以想像。而這都是因為國民黨對大安區太有自信和把握。

我相信國民黨這種盲目的慣性自信，本身就會使得代表他們的立法委員也會有盲目的慣性自信，做不好立法委員該做的事。

而我，基於對大安區的感情、長期耕耘，以及我有「推動改革，建立制度」的能力，形成不同於國民黨擅長空戰議題的參選人的最大特色。

多加一個角度的服務

以我還具有議員的身分來參選立法委員，也會有質疑的聲音。可就淺層來說，就算我選上了立委，我還是在大安、文山區服務。

如果我今天是當著臺北市議員，可是去臺中選立委，那這就有嚴重的問題，因為在大安區文山區投給我的人找不到我了。但現在我去到國會之後，在大安區文山區的人我還是可以持續服務。並且我本來要參選立法委員的動機之一，就是可以從更高的角度來服務大安文山區的選民。

相對而言，和我競爭的對手，羅智強先生，卻曾經是放棄了他在大安文山區的議員身分，想要去桃園競選市長。

比較深層地來講，其實我從來沒有反對過帶職參選。

可能外界有個印象是「偏綠的或者小黨一定反對帶職參選」，但其實社民黨從來沒有說過我們反對帶職參選。因為我們是小黨，在現在的制度不修改的前提之下，反對帶職參選無異於畫地自限。

我們臺灣的選舉是交錯的，每兩年選一次，一次選中央，一次選地方，所以對大黨來講，如果他想要找人來選立委，第一，他的人才庫是很充分的，他可以找政務官來，他可以找學者來，他可以找已經當過兩三屆議員的人來，他的人才是很多的。

可是小黨的人才是極其稀缺的。大黨的人才在當了一兩屆兩三屆議員，要選立委的時候，大黨的人可以說：「好，我不選議員了，我把議員交班給我派系裡面比較年輕的人。」他自己呢，可能去做黨的發言人，或某一個政務官的職位、執政縣市的職位、黨職等等，等待下次立委選舉的到來再參選。這些案例有很多。

可是身為小黨的議員，當他自己不做的時候，他未必能夠交棒給他的派系或者其他人。

第二，小黨的人在一對一的選舉裡面，帶職參選都不一定贏了，更何況不帶職參選，那幾乎是不可能贏的。所以小黨去反對帶職參選，就是一個注定跳票的承諾。你可以看民眾黨也好，時代力量也好，都出現帶職參選的人。所以我們社民黨從來沒有做過這麼不切實際的承諾。

在二〇二二年的縣市長選舉時，大家在討論帶職參選的問題。我去上《眼球中央電視台》視網膜主持的節目《央視帶風向》，在節目中辯論的題目是，「帶職參選應該被譴責嗎？」我跟葉元之是反方，立場是不該譴責。

我在這個節目裡面講過我的看法：除非我們把制度修改成同時選舉，不然在選舉是任期交錯的狀況下，對小黨來說帶職參選是一定會發生的事情。

如果同時選舉的話，就沒有帶職參選問題。但是同時選舉的話，大家就要接受鐘擺效應要四年才能擺一次。

不同的制度就是會有不同的好壞，所以對我來講，帶職參選並不是現在的制度下本質上錯誤的事情，關鍵在於你是不是能繼續對你選區的民眾做付出。

歷史的機遇：民進黨為什麼會和我合作

另外，我想把握這次二〇二四年參選立委的機會，也因為這是一次歷史的機遇。

這次大選如果不是因為大安區是民進黨的艱困選區，不會輪到跟我合作這件事情。

民進黨的人才聚集在所有選區，其實是可以提出自己的人選，但是在民進黨的決策者有意要擴大社會支持面的前提之下，他們去尋求各種合作，再加上我自己本身的政治歷練跟政治實力也已經到了一個還算足夠資格參選立委的程度，因此有了這個機會。

如果說現在是回到二〇一五年，我只是個素人，大家不認識我，也不知道我有沒有能力，那搞不好很多人是不會服氣的。前面在談的時候，其實民進黨去做了內參的民調，也證實確實我是最強的人選。

這些政治現實培養出足夠的條件，而這些條件不一定每一次都可以複製。也許下一次政治情況改變，不再需要擴大合作了；也許下一次，民進黨自己有更好的人選。

兩任從政：從焦慮到冷靜拆除炸彈

二〇一五年上次參選立法委員到二〇二三年，我前後從事了八年的政治工作，在這段時間的工作當中，我比較清楚地看到臺灣針對這些社會問題在走的改革路線的方向，也看到了更多的細節，這有點像是處理一個炸彈。

如果說這是一個炸彈，你會很害怕，擔心這個炸彈什麼時候開始爆炸。可是如果你開始把這炸彈打開一點點，看它裡面的結構，看到那些電線怎麼走，反而不會那麼焦慮，因為你會開始想：「我該怎麼拆除這個炸彈。」

尤其，從我二〇一八年選上議員之後，開始看到更多公務機關裡面的樣子。公務員做了很多好事，也做了很多沒那麼好的事，然後我看到了政府是如何運作。我看到一個政策從形成，到遊說爭取預算，到執行，這整個實際上的過程是什麼。所有臺灣的社會問題，包括居住正義、性別平等，確實跟八年前一樣都有類似的焦慮。我們現在面對的議題，在八年前參政的時候其實都有談論，只是現在我看到了更多，所以有更具體的做法。

在八年前會焦慮，是因為我們看到問題、提出問題。可是對於我現在來講，很大一個差別是，我已經開始學習如何解決問題，而且我確實也在解決問題。當你開始解決問題的時候，那個焦慮感就會降低。

我也知道說：「對，我們就是在試圖做正確的事。」在很多的方向上，比如說長照好了，雖然現在還不夠多，但是這八年來確實我們的長照據點增加了很多，能夠照顧的人增加。我們知道正在往增加的路上走，所以接下來要確保的就是這個方向不變，讓長照系統可以照顧的人持續地增加，以迎接三十年之後，因為少子化所造成的更多的長照需求。

我們也知道孩子對很多年輕父母造成很巨大的負擔。在這七、八年來，我們的公幼、公託的名額確實都在增長中，但可不可以增長得更快？或者至少我們確保朝向正確的方向？

八年前我們提出「居住正義問題很嚴重」，但是這是天知地知、你知我知、大家都知道的事，重點是怎麼做、怎麼解決。而跟八年前不一樣的是：我現在已經可以提出具體的做法。我看到了在執行的層面上可以怎麼做。對於如何擴增社會住宅，如何讓社會住宅蓋得更快、量更多、價格可以更合理。

這些都是我成為立法委員之後，仍然可以工作回饋給大安區選民的。

十一　政見

除了對大安區選民服務的基本原則之外，我在二〇二四立委選舉的政見還有四個面向：勞動環境、長照、居住、國防。

勞動環境

其實大家心裡都知道，違反《勞基法》的雇主佔九成以上，那這怎麼辦呢？有人會說要執法。可是所有勞檢處的編制都不足，而且這個執法下去的話，幾乎每一個行業都受不了，大多數勞工也並不感謝。所以健全勞動環境，說來簡單：讓《勞基法》更嚴格就好，但是在現實裡，健全勞動環境是非常困難的一個工程。

臺灣要求便宜有效率又要好，當然會犧牲勞動條件，歐洲就是犧牲便宜跟效率，來換取條件更好的勞動環境，所以這需要價值辯證。我希望臺灣社會，有朝一日可以來理性地做這個價值辯證：我們是否要允許在一些條件之下，人可以為了工作，自願地去接受更長的工時？左翼理論會說：「勞工並沒有自願這回事，都是被逼的，所以我們國家必須把勞工都顧好。」可是勞工真的完全沒有任何一點能動性嗎？其實我也懷疑。但反過來說，對於真的沒有議價能力的勞工，還是得有個地板給他，不然他會跌落變成奴工。這中間一定是要經過各行各業廣泛地討論。

我支持的基本方向是：最低工資法制化和加強稽查，尤其是針對較有遵循法律能力的大型企業。但因為一套法規很難一體適用在三百六十行，我們也應該務實地去針對行業特性的需求去做調整。

§ 工資的工時

我們政府有責任要建立一個勞動環境的最下限，要有個地板，不能讓議價能力比較差的勞工變成奴工。最低工資在蔡英文執政的時期每年都調漲，所以地板建構得比較踏實。

現在的問題是：地板構築好了，但沒有人去執行這些法律。以臺北市來講，臺北市有勞檢處，可是勞檢處編制的勞檢員經常是沒有滿編的，員額滿編了仍然不足，更何況是沒有滿編的情況。所以稽查的對象應該朝「打老虎、不打蒼蠅」的方向去做。上市櫃公司這樣條件優勢的雇主是能力比較強的人，應該有比其他中、小、微型企業更強的遵循法律的能力。

另外，對有特殊需求的行業，工時規範應該也要有所調整。可不可以加班？當然可以，可是加班要有相應的報酬。

總之，要最低地板，也要確實地執法，針對那些更有能力的雇主加強執法，有一個標竿出來之後，才能把整體的環境向上拉。

§ 誰碰《勞基法》誰倒楣

有一些工作是季節性，比如說，夏天的時候，賣薑母鴨的人可能去賣冰，所以讓人把社會保險綁在同一個雇主上，對很多不擅長遵循這些法律細節的人其實很困難。臺灣的企業幾乎是中小企業，甚至只有老板、老板娘兩個人的。這幾年服務下來，看到了非常多這樣的案例：他們確實違法，可是那種違法不見得是在《資本論》（Das Kapital）裡面看到的「大資本家剝削勞工、奴工、童工的剩餘價值」的這種心態。甚至有一些勞工自己都不要保，寧可雇主把薪資全部給他們。

我很少公開談這個，因為太過政治不正確。很多的勞工團體會說：「你這樣講的話，等於是在幫這些無良的雇主找藉口。」可是「徒法不能以自行」，為什麼民間有這麼多人就是不去遵守這個法令？除了他想節省成本，是不是有一些事實上的困難？

社會上每個人的需求不一樣，尤其對於技術性的勞工來講，可能我在這個餐廳做一、三、五，在另外一個餐廳做二、四、六，薪水可以拿得最高，但是這兩家哪一個老板要幫我負擔勞健保？最後結論是違法在職業工會保。這個課題沒有人敢碰。蔡英文執政第一任的經驗就是：誰碰《勞基法》誰倒楣，因為最終沒有任何一個人滿意你所做的這些修法。

§ 新創產業的彈性

除了建構勞動環境最低的地板，我們也要思考臺灣產業再升級需要怎麼樣的勞動環境？有一部電影叫《社群網站》（The Social Network），是關於馬克．祖克柏（Mark Zuckerberg）創立臉書的過程。如果把我們臺灣勞基法條文跟創立臉書時候的工作環境對照，你會發現他們都違法了。這些行業習慣性地違反這些法律，因為這個法並不適合。

自己曾經在一個新創公司工作大概一年的時間，十幾個公司都在同一個共享辦公室工作。我看到的是：每天都有人比我更早到，我走的時候還有人比我更晚走。如果用《勞基法》去檢查，那每一家都會違法。創業就是夙夜匪懈。很多創業的工程師很有能力，他們大可在任何一個有制度的大公司上班。他為什麼願意創業？不是因為資本家逼迫他來，是因為他也著眼於：如果公司早期的股份分給他，也許將來他會有爆炸性的資產成長。

如果大家都遵守《勞基法》，當然大家領的一定是高於基本工資，工時一定是合法的，加班費也都有，這些都沒有問題。可是對於想要跳出這個框框的人來講，是沒有機會的。這部份的討論重點不是該不該有彈性，而是所謂的「彈性」不能講得這麼空泛：需要彈性的行業裡，到底需要的彈性是什麼？為了趕案子超時的部分，怎麼補回去？我可以二十四小時待命 on-call，可是你要給我一個合理的補償，也許這是一個解法。

∽ 不修法對勞動文化的影響

如果繼續不修《勞基法》，再過個十年，大家都會認為《勞基法》是寫好看的。修《勞基法》處處是兩難。這中間的平衡點，需要不同利害關係人坐下來討論。大家要為自己說的話負責，不然的話，在政治上會陷入一個難題：不管政府怎麼做，反對你的人就挑另一邊。政府在左邊，反對你的就站右邊，政府站右邊，反對你的人就站左邊。那我們就會無止境地陷入這種政治的口水裡面，而沒有辦法找出一個大家共同的方向。

我常講到要當務實的理想主義者。進入國會之後，我們各黨各派的立法委員，可以一起坐下來開公聽會，聽所有不同的團體來表達意見，把意見匯整起來，也許可以在幾個單點上面凝聚共識來突破。雖然這不容易，但必須要有人去做。

總結下來，我的看法是：勞動環境的法制建設牽涉到勞、資、消費者、產業的不同需求，相當複雜。社會不同群體因不理解彼此需求而尖銳對立，勞動法令調整成為政治的地雷區，舉步維艱。但消極不處理只會讓社會問題更加劇。所以我主張，政府應採取更積極的態度，由行政院高層官員舉辦邀集勞、資、消費者、產業界代表舉行「健全勞動環境國是會議」，建構一個利害關係人開誠布公溝通的平台，凝聚改革的焦點與共識，找出優先修法的方向。

長照

推長照，除了讓長輩在人生最後一程有尊嚴，也是為了讓以女性為主的家庭照顧者可以更自由，可以有選擇人生的權利。

這個概念，其實我第一次聽到的時候，馬上就懂了。我的爺爺跟奶奶在過世之前都臥床很長一段時間，我爺爺有超過十年之久，都是由一個沒有結婚的姑姑來照顧。我這個姑姑本來有工作，後來為了照顧爸媽，把工作辭了，為什麼？因為我爺爺奶奶有八個小孩，唯獨這個姑姑沒結婚，所以所有兄弟姊妹都覺得應該是她要回來照顧爸媽。她人生的工作變成照顧爸媽。

侯友宜曾拋出「八十歲以上廢除巴氏量表」的議題。這議題有個歷史脈絡。為了不壓縮到本國看護工的就業權益，所以我們對每年引進的外國看護工有設配額。我們也設定了能夠申請外籍看護工的條件：要通過巴氏量表的標準，確認受照顧者是最失能、最難照顧的，才能夠申請外籍看護工，以確保外籍看護工不會供不應求。如果沒有通過巴氏量表，就只能請本國籍的看護工，以確保本國籍看護工工作權益不受影響。

這一套政策已經出現問題了。

第一，臺灣的高齡化和少子化是現在進行式，所以照顧的需求激增。

第二，臺灣的照顧已不全是家庭責任。過往我們說照顧是家庭責任，是因為機構的名額一直到現在都不足。

第三，巴氏量表也經常是醫療現場醫護人員與病患家屬衝突的源頭。

機構不夠，長輩待在家誰來顧呢？基本上到最後都變成家裡面的成員，尤其是女性成員的責任。可是因為現在社會變遷，女性越來越需要獨立自主，衍生了更多家庭照顧勞動力的需求。

我們需要平價的安養護機構，讓大家住得進去，然後品質可以相信。但現在安養護機構的品質、數量確實不足。在家庭照顧的需求一直在增加的情況下，巴氏量表就成為一個很奇怪的狀況：大家想要申請外籍看護工，可是過不了巴氏量表這一關。

申請不到巴氏量表的人怎麼辦呢？

第一，選擇用家庭成員來照顧。

第二，送機構，可是就算有錢也不一定送得進去。

第三，找本國籍看護。可是本國籍看護大多數家庭難以負擔，尤其在現在缺工的情況下，二十四小時的照顧可能一天要兩千到三千塊，是一個很大的經濟負擔。

最後，使用非法的外籍移工。

巴氏量表其實就是一個勞動的問題。現在用巴氏量表，只有最嚴重、最難照顧、最失能的人才能夠去請。廢除了之後，就要面對人力供需更失衡的問題，可能變成價格上漲，沒錢的人還是難以負擔。

沒有錢的人怎麼辦呢？尤其是沒有錢又要照顧最失能的。如果沒有足夠的機構，那對於沒錢的人不是雪上加霜嗎？

最後又回歸到最省錢的方法，就是叫家裡面的一個人辭掉工作來顧，這個人通常都是女性，未出嫁的女兒，或者是已出嫁的、當了媽媽的，這又跟我們想要的「讓女性能夠在職場上有所發揮」的方向是背道而馳。

廢除掉這巴氏量表，也不能迴避接下來第二個問題：要放寬外籍看護工的配額嗎？

如果不放寬，接下來需求會增加，價格上漲，所以還是有錢的人才請得到外籍勞工。但如果放寬，勞工團體一定會出來批判，因為這等於是壓縮了本國籍看護的工作機會。如果說不管了，我們帶著鋼盔向前衝，放寬人數補足長照人力，還會遇到更深層的問題，就是真的有這麼多外國移工願意來臺灣嗎？

外籍看護工來臺灣，因為我們有仲介制度，薪資會被剝削，而且非常不自由，不能自主轉換僱主，所以比起去日本、香港、沙烏地阿拉伯、中東國家，甚至馬來西亞這些國家，他們來臺灣的意願沒那麼高。

此外，人力輸出國自己也在面臨缺工問題，也正在限縮出國工作的人數。所以你放寬了配額之後，真的就有這麼多外籍的看護工願意來嗎？也不一定。

我們經常講的健全勞動環境，大多數人聯想到的可能是：打卡的時間、加班費、工時多長等等。但我們講的健全，其實經常是在求取平衡，讓我們的產業能夠發展，同時勞工也不至於受剝削。所以談到長照產業也需要考慮到這些面向：照顧產業的人力哪裡來？怎麼因應現在越來越多的長照的需求？

如果不放寬外籍工的配額，那要有什麼解決方法？這些都需要社會理性的討論。

我認為立法院是一個討論平台，是多元民意展現的一個空間。透過舉辦更多的公聽會、座談會，讓各方利害關係人來討論，才有可能找到出路。不然的話，它很容易變成是選舉的時候大家開支票，喊價，後面衍生的其他問題卻沒有方法解決。

總之，廢除巴氏量表是一部分的線索，但並非問題全部的答案。長照悲歌要解決，其實最重要的拼圖是「公共化」。

什麼是「公共化」呢？

臺灣做得最成功的「公共化」案例就是「國民義務教育」，把教育從個別家庭責任，轉型成國家提供的服務，讓不分貧富貴賤的國民在成年以前都能享有基本品質的教育。

所謂「長照公共化」的目標，必須把「照顧」從「家庭責任」轉為「公共責任」，由國家提供基礎的長照服務，國民只要負擔基本的費用，就可以得到平均水準以上的長照品質（如果有錢人想要花大錢享有更高級的服務，也可以選擇自費的自由市場）。這樣才能讓弱勢家庭不再因為經濟因素陷入長照困境。

居住政策

社會住宅是我一開始參政的時候就提到，後來在議會裡也非常積極推動的一項政策。

為什麼社會住宅重要？因為社會住宅的存在可以影響市場的租金價格。按照國外的經驗，社宅存量到達百分之五的時候，會對市場的租金產生壓制的影響。以臺北來講，全臺北一百萬戶的百分之五大概是五萬戶，這是為什麼從柯文哲到蔣萬安都以社宅五萬戶作為目標。

社會住宅應該是社會福利的一部分，不是公營事業，所以政府本來就該投資這些，也不要期待從中回收。社會福利沒有人在回收的。我對社會住宅的理念，以及我認為社會住宅帶給社會的效用應該是：讓社會裡負擔市場租金有困難的人也有棲身之所，從而達到社會的安定和團結。

在我的市議員任內，發現了臺北市社宅的興建腳步太慢。有多慢呢？臺北市社宅從郝龍斌時期開始規劃興建，二十年來才做了一萬四千戶，距離五萬戶完成率還不到一半。我今年三十五歲，等到臺北市的社宅到達五萬戶的時候，我可能都六、七十歲了。現在的青年排到社宅，都變成老人了，需要長照機構而不是社會住宅了。

為什麼會慢？因為確實有反彈的力道。

但這是能化解的，只看政府有多積極而已。首先，實價登錄證實了社宅拉低房價是沒有的事。但是我常常在第一線聽到居民說：「如果我住在這，我家旁邊多一座社會住宅，還不如多一個公園、多一個停車場。」

所以我認為問題不在於社宅會造成房價跌，而在於居民們覺得社宅不是他們最想要的東西。蓋社宅必須讓居民覺得這對他有好處。如果在社宅裡面設停車場、圖書館、托嬰中心、幼稚園、老人日照中心；或者上面是社宅，下面是一些公共設施，讓周遭的居民可以優先地來使用等等，這樣大家就可能知道這對他們有什麼好處。但是這個方法就需要溝通，要一層一層地去溝通，搞清楚主要大家要什麼，去跟大家說明，很費工。

§ 都更

都更是居住正義的另外一個層面。我們講社宅目標佔總住宅百分之五的話，那剩下的百分之九十五仍然是民間的房子。現在臺北市九十幾萬間房子中，有六十幾萬間是三十年以上的危老建築。這造成了新建案的價格永遠居高不下，因為實際上市民就是有電梯的需求，市民就是不想要入手三、四十年以上的老的房子。

但都更緩慢的這個瓶頸要怎麼打開？我覺得最關鍵的是「都更過程是不是足夠透明，讓參與其中的每一個人都看到利益流向哪裡」。

都更的困難有客觀上的問題，比如說這個房子已經繼承了兩三手了，找不到這些屋主在哪裡。也有主觀上的：建商或實施者要來整合的時候，很多人會懷疑自己拿的是不是比別人少，所以就這樣子卡死。

有些人說你可以去讀計畫書嘛，計畫書裡面就會寫建築成本是多少、權利變換怎麼變——有些人權利變換是換房子，有些人權利變換是拿錢走人——一條條寫上來，清不清楚？很清楚，但是看不看得懂？看不懂。不要說一般市民，連有時候我看民眾陳情拿來的資料都要研究很久。

所以，你去問路上十個人：「你最關心的議題是什麼？」可能五個人跟你講都市更新。可是實際上要去整合的時候，大家又紛紛不同意。

郝龍斌任內，給大家畫了一個大餅——一坪換一坪。現在已經成為臺北市民期待都更的最低標準。如果沒有一坪換一坪，市民不要。可是容積是固定的。而現在的問題是：新的建築法規對消防逃生都有比過去更高的要求，所以公設比會提高。公設比提高了之後，也許你權狀是一坪換一坪，可是實際使用空間就達不到，會減少。這就會引起很多爭議。

發起都更時，你得找所有的所有權人出來。很多所有權人找不到，空屋沒人住的，或者是一間房子四五個孩子繼承的，都會找不到人或找不齊。如果都找到人了，找到了七八成的住戶願意一起出來開說明會，要找建商，那要找哪個建商？這問題可大了。你找了這個建商，他懷疑你是不是跟這建商有關係，所以他也找了另外一個建商來提案。提案的時候來談怎麼分，分的權利怎麼變換，我要蓋幾戶、你分到幾戶，建商分別跟住戶談下來，本來好鄰居後來可能都快反目成仇。大家都懷疑你是不是拿的比較多。就算克服了這種種萬難，上車的人越來越多了，但你能不能跨過那個八成的門檻？或是危老重建雖然每個人可以分到更多的容積率，但是要百分之百同意。

卡在中間的時候，我們的都市更新真的是舉步維艱。大家都期待，可是沒有人曉得該怎麼做。

總之，解決民間都更困境，關鍵在於「資訊透明，掃除都更過程因為利益分配產生的不信任」。第一個方式，政府要更積極進場。近年中央和各地方政府陸續成立住都中心，加大推動公辦都更能量，是正確的方向。但還不夠。第二個方式，要讓民間自辦或合建都更的利益分配談判更透明，讓每個人了解利益的流向，減少不切實際的期待和左鄰右社之間的猜忌，才能加速整合。

§ 租屋市場的健全

去年中央有三百億的租屋補助，但只發出去了百分之五左右。第一個關卡是，這是申請制，很多民眾不知道有補助。我每年都會拍一次租屋補助的影片，每年都有人好像發現新大陸。第二個關卡是：過去的租屋補貼要房東同意才能申請。但房東就不同意，擔心被政府發現出租房子要繳稅。後來有好幾個階段的政策調整，現在只要給一個租約，政府就發租屋補助給你。但即便是這樣，三百億還是發不完。可能還是有很多人不知道有這樣子的補助，也可能很多人是被租約卡住。

現在政府在扶持一個新的產業：包租代管業。包租代管是委託民間業者來做二房東。包租代管業有點類似政府在創造守法的房東。遇到守法房東就可以報所得稅，租約都跟你光明正大，政府可以收到營業稅。房客不會遇到壞房東，房東也不用怕遇到壞房客。

包租代管的推動，是增加市場上好房東的比例。但光是包租代管不可能充分滿足租屋族的居住需求。長期而言，還是要把住宅租賃從一般租賃區別出來，用法律規範保障房客的居住穩定性，減少房東任意驅趕房客或大漲房租的情況，從而讓「租房不買房」成為一種可能的人生選項。以及增加房東遇到不守法租霸的因應管道，以提升房屋所有人出租空房的意願。

國防

二〇二三年初我從歐盟參訪回國，飛機落地時，機艙播放臺灣的音樂。歷經了十幾個小時的飛行，突然聽到臺灣音樂，我的心裡突然有一種非常感動的感覺。我自問為什麼，後來答案是：我聽到了家裡的聲音。

在我不算長的政治生涯裡面，難免會遇到挫折。在某一次被猛烈攻擊的時候，我有一位旅居國外多年的好友傳了訊息跟我說：「請你好好地繼續努力，因為我不希望等到我老的時候，發現我沒有家可以回。」我收到這個訊息的時候，心裡突然受到一些震動。縱使居住在國外多年，但是他心中還是把臺灣當成是家，而且他還是希望回來這個家。

從事政治工作時，我內心深處總有一個非常強烈的信念：「我所做的一切，都是為了確保我們這個家是安全的，為了確保我的家人，我的兄弟姊妹，我所有的同胞可以是自由的。」

當我接受到一個訊息時，我要判斷是否要因應行動的不是這件事情對我選票影響多少。我要判斷的是：這件事情對我的家是好的還是不好的？創造這個訊息的人是一起來共同守護我們這個家的，還是想要來傷害這個家？對我傳遞這個訊息的人，他希望我相信這個訊息之後所做出來的行動，到底是做更多對這個家好的事情，還是反過來做出傷害這個家的事情？

我相信每一個人的心中，一定會有屬於自己的信念，告訴你為什麼你現在要來關心某個議題、要為我們這個共同的家付出什麼。

在臺灣，要採購武器來防衛自己的家時，有人告訴你：「這是沒有用的，這只會激怒對方。」為什麼他們這麼說？因為放棄就是摧毀一個人心最徹底的方法。當一個人放棄時，他就會毫無保留地接受一切的訊息，就會對外來訊息的攻擊毫無抵抗能力。

可是當你心有所愛的時候，你會知道什麼是對的、什麼是不對的。當你心有所愛、有信念的時候，你完全可以知道，在什麼時候應該怎麼做才能保護我們這個家，即便可能徒勞無功，即便可能失敗，你還是會願意這麼去做。

§ 臺灣在暴風雨中航行

國際局勢變化得很快，尤其因為美中關係和俄烏戰爭，國際局勢有了幾乎翻過來的改變。如果臺灣是一條船的話，現在我們是在暴風雨中航行。在暴風雨裡面航行的條件是，第一，我們方向是正確、不能迷航的；第二，開船的團隊要有經驗、有能力，所以不能說你是一個品性很好的船長，就一定可以帶領這艘船走出暴風雨。我們要有一整個團隊對這個局勢有掌握，可以應變這種激烈的瞬息萬變的局勢。

以臺灣的情況來說，各國的智庫都在談二〇二七年這個時間點。這是習近平是否能做第四任的關鍵時間。另外，這是臺灣和中國軍備發展拉出一個最大差距的時機點：按照期程規劃，中國會有幾個新的軍種完成建軍，而臺灣可能有一些新的裝備還沒有正式上線，所以會短暫地被拉出一個差距。這個時間點，剛好就在下一任總統的任期內。

另一方面，二〇二四年國會大選的一個重大意義在於：我們國防自主路線，是繼續穩健地前進，還是又要中斷？「國防自主」是我們必須走的路。我們長期依賴軍構、受制於人，要買什麼武器、什麼數量、什麼期程，都是賣方決定。所以國防要走研發自主的方向，才能把自己的命運握在自己手裡。國防自主需要國會的支持。過往太多的時候，因為國會反對，所以向外軍購時預算被刪；我們要國防自主、自行研發軍工業時，預算也被刪。

國防和其他政策不太一樣的一點是：如果沒有預算，真的幾乎做不了任何事。有些領域不一定要很多錢才能夠解決問題，比如說，可以透過改變教材，去推行一些教育政策。但國防不同，中國投資的國防預算是非常驚人的，如果我們沒有進步的話，跟別人的差距會被拉大。所以擁有一個願意支持國防自主的國會，對我們來說是非常重要的。

§ 對話並不是和平的充分條件

如果放棄自我防衛，導致我們沒有機會自由追求自己所愛、追求自己理想的人生，我認為這是不值得追求的虛假和平。如果要承受屈辱、折磨，或者是承受著不合理的限制，那只是虛有其表的假和平。所以一個和平的臺灣至少要是民主、自由、重視人權與法治的臺灣。因為唯有如此，我們才能夠至少有一點點信心說，我們所擁有的不是虛有其表的和平，而是真正的和平。

真正的和平需要什麼樣的條件？

很多人在電視、報章雜誌上不斷地告訴你，這個條件就是我們要好好地坐下來。如果你想進中國市場，就要去跟國臺辦好好地坐下來談，談兩岸都是中國人，談血濃於水，談所謂的「民進黨不要再製造兩岸貿易的障礙」。很多人會這樣子告訴你，並且希望你這樣子相信。

可是如果我們翻開歷史來看，有多少例子是「接受屈辱條件而換到和平」？我們在歷史上所看到的結果都是相反的。

對話是非常好的一件事情，但真正能夠確保和平的是兩個字：實力。當你有實力的時候，你就可以確保你過著和平的日子。烏克蘭為了追求和平，甚至連核武都放棄了。在戰爭發生的前夕，澤倫斯基（Volodymyr Zelenskyy）仍然非常努力地追求對話。但為什麼沒有辦法追求到和平？因為普丁（Vladimir Putin）開戰前不相信烏克蘭有實力對抗他的入侵。

我小時候經常看一個電視頻道叫做「動物星球」。如何跟一頭獅子謀求和平？如果你是一隻羊，不管你是站著、趴著、跪著、躺著在地上打滾，都沒有辦法跟獅子取得和平，因為當牠肚子餓的時候，牠就會對你下手。可是如果你本身也是一頭獅子，那你就有希望跟獅子維持和平。或者你覺得自己一輩子不可能變成獅子，但至少是鱷魚、是犀牛、是刺蝟，也都有可能得到跟獅子之間的和平。

十二　我還有一些希望

希望自己成為解決問題的人

除了我的政見，我自己內心最想講的是什麼？

我想要很誠實地呈現出這一段時間走來，沉澱跟累積下來的想法。我對臺灣未來政治看法，確實並不像是有些人所期待的那樣，會是永遠只有批判性極強的角度。因為我心中確實認為，現在我們社會需要解決問題。

批判者是提出問題的人，更好一點是要解釋問題：為什麼這裡會有問題呢？但是對我來說，我對自己期許的目標是：我希望可以成為解決問題的人。

我這五年來做議員的經驗，不管是質詢、會勘、協調會，做任何大大小小的事情，都會要求一件事，就是「這一件事，我做了，我就要負責。這個提案，我提了，那我就要為這個立場負責。」所以「我今天講了什麼，明天我就可以換一個口徑」不會是我想要的東西。

如果說我只要做一個提出問題的人，那非常簡單。

比如說，某家再生能源公司董事長以前當過立委，身兼十八家子公司董事長；

那家公司有接臺電的標案，臺電又虧損四千億，那可見其中一定有弊。這是一個很膝反射的連結，而且確實可以很快地感染到許多人，也可以為我自己建立相當正義的形象。

但是我對於這樣的事情，其實是深惡痛絕。因為我不能接受沒憑沒據地指控別人，把自己打造成一個正義使者，但真的全部查下去，什麼也查不出來，然後辯道：「我只是提出問題。」這會在後面造成太多的影響。

我這陣子剛好跟一個正在讀大學的年輕人聊到這件事情，我問他說：「你有聽過宇昌案嗎？」他說他不知道這些事，我跟他說：宇昌案就是二〇一二年，蔡英文第一次選總統，挑戰馬英九的時候發生的事。

藍營提出來抨擊蔡英文，說她的家人在投資生技事業，而這個生技事業也得到了國家政府的補助，所以中間必定有弊，因為她沒有利益迴避。

宇昌案當時還牽扯到中研院的翁啟惠院長。然而罵了十幾年，最後都是不起訴。可是我們臺灣的生技產業，因為當時這個案子，被國際的投資人認為說風險太高，經不起這樣的折騰。前三年疫情，大家在抱怨：「為什麼臺灣沒辦法像美國一樣，全世界最快做出最好的疫苗？」就是因為我們的生技產業落後美國，不如人。

現在，我又看到這件事在再生能源上重演。不是說再生能源沒有問題，當然可能有問題，因為有錢賺的地方就有蟑螂，有錢賺的地方就有黑勢力會進來。

可是沒憑沒據地去影射一個在業界其實是正常的經營型態，對於解決這些綠能蟑螂，對於解決這些黑勢力進到綠能產業，有什麼幫助？我認為沒有幫助，並且會讓我們忽略了要解決的焦點。

中二病和對改革的熱忱經常在人生的同一個時期發生。中二的作風確實很豪邁爽快。但中二病和熱血並非同義詞。要成為有能力解決問題的大人，就要在成長過程中保留熱血，但治癒自己的中二病。就算中二病是屬於青年時代的政治正確，我還是非常厭惡，我也非常不想為了要符合青年時代的政治正確，所以就讓自己永遠中二。

希望帶到立法院的品牌：可信賴的協商對象

立法院就是一個新的賽局、新的戰場。我不敢說會做到什麼樣的成績，可是至少我知道，我已經具備了一些包括在溝通上面基礎的技能，我也體悟到一個很重要的東西是：我們在這個期間歷練到「如何讓別人相信你是一個可信賴的協商對象」。

請注意：還不到合作對象。合作之前要先協商，如何讓人相信你是一個有基本的正直誠信，是一個可被相信的協商對象。這件事情是要長期建立一個品牌的。

我在政治這幾年看到一個現象是：很多時候不見得是理念上的衝突，是人與人之間的衝突。大家不能坐下來談的原因，不是說我跟你理念南轅北策，所以不能談，而是因為我不相信你這個人，我覺得你會傷害我。所以雖然我知道我們在理念的光譜上面其實比較相近，但是對不起，我不跟你談。

觀察到這個現象之後，我希望我可以建立起一個品牌，是協商對象、潛在的合作對象，至少讓人可以相信：「你可以跟苗博雅坐下來談，談不成仁義在，他不會後面給你捅一刀，或後面做一些傷害你的事情。」我覺得這個風格，以及這樣子人際關係的建立，是我這幾年來都很注意，希望可以實踐的。

未來進入立院之後，也許政黨之間的氛圍和市議會不太一樣。這些都可以預想得到，但是有些基本道理可能不會完全改變。

在立法院裡面，對於小黨來說，如果社民黨只有一席，立法院裡面提法案要十五個人簽名，我還要找十四個人。那我如何找到這十四個人呢？這就很需要我們在議會裡面所培養出來的相互協調能力。

我希望臺灣的政黨之間是可以競爭又合作，透過這次和民進黨的合作，我想做一個新的實驗：臺灣的政黨政治之間，在非親中的黨派之間，是不是可以做到「應該競爭時競爭，應該合作時合作」。

這樣的關係過去有過幾次嘗試。時代力量曾經跟民進黨非常緊密地合作，到最後分開得很不愉快。柯文哲他是民進黨全力支援才選上臺北市長，到最後分開得更不愉快。

可是臺灣的政黨政治當中，現在確實缺了一個產品是忠誠在野黨——對國家忠誠，對執政可以理性批評的在野黨。不是說沒有，只是即便有，政治影響力也是很侷限的。

大家如果心中有想到一些選項的話，他們的影響力都還太小。為什麼一直長不大呢？因為國會是單一選區制。

你如果沒有兩大黨的支援，基本上你不會取得任何的席次，最多在地方選舉的成績當中有力量而已。

任何一個政黨如果在國會選舉沒有辦法取得席次的話，那他就不會有越長越大的機會。所以現在這個階段，臺灣的忠誠在野黨要長大，必須要某種程度上跟本土執政黨有合作。

但反過來說，如果全面合作，那其實就是加入了執政黨，就不是忠誠在野黨。所以怎麼樣可以做到「應該競爭時競爭，應該合作時合作」，我們要走出一個真實可以實踐的案例。

過去時代力量其實也是既競爭又合作，可是到最後，那個競爭帶來的效應，不只是在議題層面，而是已經擴大到人際層面了。時代力量跟民進黨之間，現在有很多的衝突其實是來自人與人之間的不信任，而不是對議題的看法不一樣。

道理大家都知道，可是這條路到底怎麼走？

競爭當然就是說：我有我的主張，我不會全都聽你的。

在合作的支點上，一部分是來自於世代的聯結。在臺灣政治中，政黨是一個面向，世代也是一個面向。

我跟民進黨黨內的青年世代也是有長期合作的、有信任關係的朋友，所以在合作的層面上，如果說是具體的議會互動的話，我覺得不會有太大的問題。

我現在在議會裡面，跟所有的同事就都是既競爭又合作的關係，也確實在過去的四、五年來，在議會裡成功推動相當多的決議。包括建商屯房稅的改革、社宅租金公式的重新計算、雙城論壇這些敏感的政治性的題目。這些都是我提出來，審議預算的時候附帶決議或者但書，經過議會政黨協商之後，各黨團無異議通過。

希望和更年輕的世代對話

最近一兩年，我開始發現：我們必須開始跟更年輕十歲的世代對話。不是只有我個人有這樣的感受，包括我們同個世代的，所謂「太陽花」之後出來的這個世代，應該這幾年來會漸漸有這個感受：過去，我們是年輕人的代言人，可是現在慢慢地，我們已經不再那麼年輕了。

再過五年，我就會變成四十歲以上的人，嚴格來說已經不是青年了。現在二十到二十九歲，也就是比我們小十歲左右的這個世代，對於臺灣政治的想法跟願景，其實已經跟我們有一段落差。如果說失去對話或是連線的話，那很快地，我們也會變成一個老化的世代。

國民黨的衰敗，就是他們太晚意識到了這個問題，就是因為組織票是很穩固的，就是有一群人永遠固定地是投你。

這在政治上會造成一種慣性，你會覺得：反正我靠這一群永遠都會投我的人就能固定當選，那我並不需要去理會或去溝通其他的選民。

但是對我來講，因為我們的政治生涯一路以來都是在求生存，沒有那種慣性，或者說可以有那種慣性的條件。所以我反而會比較積極地去思考「如何跟尚未決定的人溝通」這件事情，因為這一群尚未決定的人，或者是對我有好感，但還沒有決定要支持我的人，或者是他決定要支持我對手的這一群人，才是我們設定要溝通的對象。

臺灣社會現在面臨的集體選擇是：我們這個社會對於國家的願景是什麼？這是一個有待社會討論的事情。

經過民主化三十五年走下來，臺灣主流社會的國家認同，其實已經有大幅度的轉變，而且現在趨於穩定。

如果你把「維持獨立自主現狀」、「先維持現狀以後再追求獨立」、「儘快追求獨立」全部加起來的話，有八成以上的人是不想跟中國統一的。所以我們在國家認同上，其實主流的意見已經形成了，那在這個前提之下，我們要追求的是一個什麼樣的國家？什麼樣的政治文化？

希望成為服務國家主人的管家

我希望臺灣社會可以選擇一種負責任的政治。

負責任並不只是政治人物要做到的事情，因為我們政治人物是大家講的「公僕」：這如果是一個家，我們是管家；如果是一個公司，我們是執行長。實際上，所有的股東，或者是這個家真正的主人，是所有的人。每個人都要為這個家做出負責任的決定，這是個負責任的政治文化。

我是要來服務國家主人的管家。

我的工作是讓我的主人了解每一個選擇的利弊得失，然後大家一起做這選擇之後，共同承擔這個家的未來。所以，非常希望所有看到這本書的讀者能夠給這樣一個或許有一點奇怪，或許有一點罕見，但是年輕而且絕對肯打拚的團隊一個機會。因為過去我們一直不斷地在補強我們自己，同時也在努力實現我們對選民的承諾，現在已經準備好要前進國會。

希望大家可以給做事的人一些力量，讓我們可以在「務實的理想主義者」這條道路上還有繼續前進的燃料。

對於二十年後的期望

我一直覺得臺灣現在需要忠誠的在野黨，所以我們需要去說服所有本土派——超過八成以上認同自己是臺灣人的選民——在讓堅持捍衛臺灣主權的執政黨繼續執政的同時，大家一起來栽培好未來二、三十年之後，可以執政的力量。

可以執政的團體不會從天上掉下來。一個政黨如果成立個三、五年就說馬上要執政，一定會出很多問題：民進黨成立十四年之後才首次執政，成立三十年後才第一次全面執政。所以如果大家期待的是未來臺灣還是要有政黨輪替的可能，如果大家覺得不想要日本式的、自民黨穩定執政的民主，那得現在就開始培養一個二三十年之後的政黨輪替的選項。這也不是說我們就坐在那，等人民來栽培我們，而是我們自己要試著去走出一條路。

二〇二四年我希望爭取前進國會的機會，不只是對我個人的職涯，而且是對於後「三一八」的政治發展，這是一次關鍵的選擇。這會決定「三一八」一路走來累積的政治跟社會能量，是就此消散，還是會變得更成熟。

大家都知道臺灣的現況有很多的問題。沒錯，而這些問題，過了二十年也不會自然而然地解決。也就是說，過了二十年之後臺灣需要一批新一代的政治領袖，不是一個人、而是新一代的政治領袖們。

那麼這些人現在在哪裡？

我想要爭取的是，我能夠前進國會，累積更多歷練，從而讓自己在二十年後也有機會成為有能力承擔的臺灣政治領袖之一。

我並不完美，但我努力向前

最後，我必須很誠實地跟大家說，我從來不覺得我是一個完美的人。

我當然有很多的缺點，需要努力成長，但是，我是一個對於臺灣的未來有夢想有理想的人，然後我也願意為了我們理想中臺灣的未來而投入自己的生命和時間。所以我跟這個社會請求的，就是讓我做事的機會。

我的政治資歷不算很長。當選議員之後，非常珍惜每一次可以為我支持者做事的機會。所以直到今年十月中旬，我已經為大安區連續服務超過一千七百五十個日子未曾間斷。為大安文山服務就是我至今政治生涯的全部。

到今天，我跟我的團隊秉持的態度就是盡力把每一件事情做到最好。雖然無法把每一件事做到完美，但是我們要在能力範圍之內做到最好。這是回報大家的方式，也是我們參與政治的初衷。

也因此，在每一次選舉裡面，我們對自己有一個自我要求，那就是，我們要讓投給我們的選民有光榮感。我們要讓大家相信，我們的確就是選票上面那個最好的選擇。這次選立法委員也是一樣。我不完美，但是我非常有信心地可以跟我的支持者說，我就是這張大安區立委選票上面最好的選擇。

當然，好不是自己說好就好，還有一個說服的過程。在這個說服的過程裡面，我們竭盡所能在有限的資源裡，試著把話說清楚，然後很誠實地去交代我所做的每一個選擇，以及其中的利與弊。

每一個公共政策的選項都不會完美，我們只能夠選擇一個在我們的價值觀裡面相對好的那個選項，然後一步一步地進步。所以我沒有辦法像有些人一樣，總是用一兩句話，就試圖要定調一個複雜的問題。我也沒有辦法像有些人一樣，總是充滿了激情批判他人，然後不斷地告訴你他才是正義的一方。因為我知道每一個選擇都有其代價。

我希望自己能一直以這樣踏實的原則和方法來當大家的管家，來回報培育我長大的大安區，以及臺灣這塊土地。

請讓我有機會繼續前進，為了更美好的臺灣的未來，和大家一起一步步前進。

我們一起向前一步：讓改變真的發生 /
苗博雅著 . -- 初版 . -- 臺北市 :
英屬蓋曼群島商網路與書股份有限公司臺灣分公司出版 :
大塊文化出版股份有限公司發行 , 2023.11
272　面；　14.8x21 公分 . -- (change ; 13)
ISBN 978-626-7063-50-7(平裝)
1.CST: 苗博雅 2.CST: 傳記 3.CST: 臺灣政治

783.3886　　112017478